PROPOSTA DE UM CÓDIGO DE DIREITO ADMINISTRATIVO E DE POLÍTICAS PÚBLICAS

Justificação e Anteprojeto

JANRIÊ RODRIGUES RECK

PROPOSTA DE UM CÓDIGO DE DIREITO ADMINISTRATIVO E DE POLÍTICAS PÚBLICAS

Justificação e Anteprojeto

Belo Horizonte

2025

© 2025 Editora Fórum Ltda.

É proibida a reprodução total ou parcial desta obra, por qualquer meio eletrônico, inclusive por processos xerográficos, sem autorização expressa do Editor.

Conselho Editorial

Adilson Abreu Dallari
Alécia Paolucci Nogueira Bicalho
Alexandre Coutinho Pagliarini
André Ramos Tavares
Carlos Ayres Britto
Carlos Mário da Silva Velloso
Cármen Lúcia Antunes Rocha
Cesar Augusto Guimarães Pereira
Clovis Beznos
Cristiana Fortini
Dinorá Adelaide Musetti Grotti
Diogo de Figueiredo Moreira Neto (*in memoriam*)
Egon Bockmann Moreira
Emerson Gabardo
Fabrício Motta
Fernando Rossi
Flávio Henrique Unes Pereira
Floriano de Azevedo Marques Neto
Gustavo Justino de Oliveira
Inês Virgínia Prado Soares
Jorge Ulisses Jacoby Fernandes
Juarez Freitas
Luciano Ferraz
Lúcio Delfino
Marcia Carla Pereira Ribeiro
Márcio Cammarosano
Marcos Ehrhardt Jr.
Maria Sylvia Zanella Di Pietro
Ney José de Freitas
Oswaldo Othon de Pontes Saraiva Filho
Paulo Modesto
Romeu Felipe Bacellar Filho
Sérgio Guerra
Walber de Moura Agra

FÓRUM
CONHECIMENTO JURÍDICO

Luís Cláudio Rodrigues Ferreira
Presidente e Editor

Coordenação editorial: Leonardo Eustáquio Siqueira Araújo / Thaynara Faleiro Malta
Revisão: Cristhiane Maurício
Projeto gráfico: Walter Santos
Capa e Diagramação: Formato Editoração

Rua Paulo Ribeiro Bastos, 211 – Jardim Atlântico – CEP 31710-430
Belo Horizonte – Minas Gerais – Tel.: (31) 99412.0131
www.editoraforum.com.br – editoraforum@editoraforum.com.br

Técnica. Empenho. Zelo. Esses foram alguns dos cuidados aplicados na edição desta obra. No entanto, podem ocorrer erros de impressão, digitação ou mesmo restar alguma dúvida conceitual. Caso se constate algo assim, solicitamos a gentileza de nos comunicar através do *e-mail* editorial@editoraforum.com.br para que possamos esclarecer, no que couber. A sua contribuição é muito importante para mantermos a excelência editorial. A Editora Fórum agradece a sua contribuição.

Dados Internacionais de Catalogação na Publicação (CIP) de acordo com ISBD

R298p	Reck, Janriê Rodrigues
	    Proposta de um código de direito administrativo e de políticas públicas: justificação e anteprojeto / Janriê Rodrigues Reck. Belo Horizonte: Fórum, 2025.
	    222p. 14,5x21,5cm
	
	    ISBN impresso 978-65-450-0782-1
	    ISBN digital 978-65-450-0778-4
	
	    1. Direito administrativo. 2. Políticas públicas. 3. Gestão pública. 4. Código. 5. Direito público. I. Título.
	
	                                                   CDD: 342
	                                                   CDU: 342

Ficha catalográfica elaborada por Lissandra Ruas Lima – CRB/6 – 2851

Informação bibliográfica deste livro, conforme a NBR 6023:2018 da Associação Brasileira de Normas Técnicas (ABNT):

RECK, Janriê Rodrigues. *Proposta de um código de direito administrativo e de políticas públicas*: justificação e anteprojeto. Belo Horizonte: Fórum, 2025. 222p. ISBN 978-65-450-0782-1.

SUMÁRIO

EXPOSIÇÃO DE MOTIVOS DESTE LIVRO E DE UM CÓDIGO DE DIREITO ADMINISTRATIVO E DE POLÍTICAS PÚBLICAS 9

LIVRO I – DAS NORMAS GERAIS DE DIREITO ADMINISTRATIVO.... 19
Capítulo I – Do Direito Administrativo e das Políticas Públicas 19
Capítulo II – Da Gestão Pública 20
Capítulo III – Das Fontes do Direito Administrativo 21
Seção I – Das Normas Gerais 21
Seção II – Dos Princípios Normativos de Direito Administrativo 22
Seção III – Da Lei em Sentido Estrito 26
Seção IV – Do Regulamento 28
Seção V – Das Normas Autônomas da Administração Pública 29
Seção VI – Das Normas Regulatórias 30
Seção VII – Dos Padrões Decisórios 31
Seção VIII – Dos Precedentes Administrativos e Judiciais....................... 32
Seção IX – Das Normas Técnicas 32
Capítulo IV – Da Interpretação e Aplicação do Direito Administrativo.... 33
Seção I – Das Normas Gerais de Interpretação do Direito Administrativo 33
Seção II – Das Normas Específicas de Interpretação do Direito Administrativo 35
Capítulo V – Da Relação Jurídico-Administrativa 36
Seção I – Da Formação da Relação Jurídico-Administrativa 36
Seção II – Dos Sujeitos da Relação Administrativa 37
Seção III – Dos Direitos do Cidadão Destinatário das Políticas Públicas .. 37
Seção IV – Dos Direitos da Administração Pública 41
Seção V – Do Domicílio Administrativo 42
Seção VI – Da Plataforma de Governo Digital 42
Capítulo VI – Das Políticas Públicas 43
Seção I – Das Normas Gerais 43
Seção II – Da Participação Social nas Políticas Públicas 44
Seção III – Da Formulação de Políticas Públicas 46

Subseção I – Das Normas Gerais 46
Subseção II – Do Planejamento de Políticas Públicas 48
Subseção III – Do Estudo de Políticas Públicas 52
Subseção IV – Dos Graus de Risco para as Atividades Públicas e Privadas 53
Seção IV – Da Implementação das Políticas Públicas 56
Seção V – Do Monitoramento das Políticas Públicas 58
Seção VI – Da Avaliação das Políticas Públicas 58
Capítulo VII – Do Ato Administrativo 61
Seção I – Das Normas Gerais 61
Seção II – Dos Atos Administrativos em Espécie 66
Capítulo VIII – Da Administração Dialogada 74
Seção I – Dos Acordos da Administração Pública 74
Seção II – Dos Acordos de Correção de Conduta e Recuperação da Integridade 76

LIVRO II – DO PROCESSO ADMINISTRATIVO 79
Capítulo I – Das Normas Gerais 79
Capítulo II – Do Processo Administrativo Ordinatório 82
Capítulo III – Do Processo Administrativo Licenciador 83
Capítulo IV – Dos Processos Administrativos de Outorga de Direitos 86
Capítulo V – Dos Processos Administrativos Competitivos 87
Capítulo VI – Dos Processos Administrativos Sancionadores 92
Capítulo VII – Do Direito de Petição 97

LIVRO III – DO DIREITO ADMINISTRATIVO ORGANIZACIONAL 99
Capítulo I – Das Normas Gerais 99
Capítulo II – Da Administração Direta 107
Capítulo III – Da Administração Indireta 108
Seção I – Das Disposições Gerais 108
Seção II – Das Autarquias 109
Seção III – Das Fundações Públicas 111
Seção IV – Das Associações Públicas 112
Seção V – Das Empresas Estatais 115

LIVRO IV – DOS INSTRUMENTOS ADMINISTRATIVOS DE POLÍTICAS PÚBLICAS 119
Capítulo I – Das Normas Gerais 119
Capítulo II – Do Poder de Polícia 119

Seção I – Das Normas Gerais 119
Seção II – Da Organização do Poder de Polícia 120
Seção III – Da Legislação do Poder de Polícia 120
Seção IV – Do Consentimento no Exercício do Poder de Polícia 122
Seção V – Da Fiscalização no Poder de Polícia 123
Seção VI – Da Sanção do Poder de Polícia 124
Capítulo III – Dos Serviços Públicos 125
Seção I – Dos Serviços Públicos Exclusivos 126
Seção II – Dos Serviços Públicos Privativos Comunitários 127
Seção III – Dos Serviços Públicos Privativos Individualizáveis 129
Subseção I – Do Regime Jurídico da Concessão de Serviço Público Individualizável 132
Seção IV – Dos Serviços Públicos Sociais 137
Seção V – Dos Serviços Administrativos 139
Seção VI – Dos Serviços de Conveniência 140
Capítulo IV – Dos Serviços Econômicos Estatais 140
Capítulo V – Dos Serviços de Interesse Geral 141
Capítulo VI – Do Fomento Público 142
Capítulo VII – Da Regulação 144
Capítulo VIII – Da Exploração Direta da Atividade Econômica pela Administração Pública 145
Capítulo IX – Dos Instrumentos de Regulação da Propriedade 146
Seção I – Da Desapropriação 146
Subseção I – Das Normas Gerais 146
Subseção II – Do Processo Desapropriatório 149
Subseção III – Das Desapropriações de Algoritmos e Macrodados 153
Seção II – Da Expropriação 154
Seção III – Da Limitação Administrativa 154
Seção IV – Da Servidão Administrativa 155
Seção V – Do Tombamento 155
Seção VI – Dos Bens de Utilidade Pública 158
Seção VII – Do Abandono 158
Seção VIII – Da Requisição Administrativa 159
Seção IX – Da Ocupação Temporária 159
Capítulo X – Dos Bens Públicos 160
Seção I – Das Normas Gerais 160
Seção II – Da Aquisição de Bens Públicos 162
Seção III – Da Gestão de Bens Públicos 164

Seção IV – Da Delegação de Bens Públicos 167
Seção V – Do Desfazimento de Bens Públicos 173

LIVRO V – DOS AGENTES PÚBLICOS 177
Capítulo I – Das Normas Gerais 177
Capítulo II – Dos Agentes Políticos 178
Capítulo III – Dos Servidores Efetivos e dos Ocupantes de Cargo em Comissão 179
Capítulo IV – Dos Empregados Públicos 181
Capítulo V – Dos Agentes Temporários 183
Capítulo VI – Dos Estagiários 184
Capítulo VII – Dos Conselheiros 185
Capítulo VIII – Dos Prestadores de Serviços 185
Capítulo IX – Dos Agentes Privados em Cooperação 185

LIVRO VI – DA INTEGRIDADE E CONTROLE DA ADMINISTRAÇÃO PÚBLICA 187
Capítulo I – Da Moralidade e da Integridade Públicas 187
Capítulo II – Do Controle Interno da Administração Pública 190
Capítulo III – Do Controle Externo da Administração Pública 192
Capítulo IV – Do Processo Controlador e da Decisão Controladora 194

LIVRO VII – DA TUTELA DOS DIREITOS DA ADMINISTRAÇÃO PÚBLICA 197
Capítulo I – Das Prerrogativas da Administração Pública 197
Capítulo II – Da Administração Pública em Juízo 199
Capítulo III – Da Prescrição e Decadência Administrativa 201
Capítulo IV – Da Advocacia Pública 203
Capítulo V – Da Execução Administrativa 208
Capítulo VI – Da Responsabilidade Civil 209
Capítulo VII – Da Conciliação e Mediação Administrativa 212
Capítulo VIII – Do Controle Judicial do Ato e do Processo Administrativo 214
Capítulo IX – Do Controle Judicial das Políticas Públicas 219

EXPOSIÇÃO DE MOTIVOS DESTE LIVRO E DE UM CÓDIGO DE DIREITO ADMINISTRATIVO E DE POLÍTICAS PÚBLICAS

Como seria se existisse um Código de Direito Administrativo e Políticas Públicas? Para responder a esta pergunta, talvez seja viável iniciar dizendo que seria possível sua existência na forma de um ensaio, ou, então, na de uma vaga possibilidade ou, até mesmo, uma visão de uma realidade paralela. Mas é possível ir além. Antes de qualquer linha justificadora ou explicativa das pretensões e conteúdos deste livro, perguntas mais concretas se colocam: a era dos códigos não havia acabado? Existe argumento de conteúdo e atualidade para que o discurso oitocentista de Jean-Étienne-Marie Portalis, em favor da organização, abrangência e simplicidade do Código Civil Francês, possa justificar a existência de códigos de quaisquer ramos do Direito? Atualmente, a pretensão de um documento erudito, perfeitamente coerente e com pretensões de universalidade e completude parece ser tanto uma relíquia quanto os móveis de um museu antigo, que remonta aos tempos dos antigos impérios europeus. Não só as críticas advindas de uma teoria hermenêutica e filosófica, como da Sociologia, mantêm-se verdadeiras: códigos são documentos dotados de uma irritante pretensão de completude e coerência que não cabem mais em um mundo fragmentado e fluído.

Então, por que a tentação e fascínio pelos códigos? Documentos que se pretendam coerentes, em um mundo caótico onde Deus joga dados, talvez não sejam assim meros artefatos históricos. Ocorre que a cooperação e o entendimento parecem ser interesses reitores inescapáveis da ciência. Fazer ciência social aplicada é desenvolver conhecimentos que, ao mesmo tempo que verdadeiros e corretos, melhorem o padrão moral e material da população, e isto consiste em uma conquista evolutiva irrenunciável, mesmo em tempos de pós-modernidade.

Assim como a pós-modernidade consiste em um mundo formado por narrativas, onde a organização da sociedade através da legislação é apenas uma delas, por outro lado, as energias emancipatórias e ordenadoras da Ciência do Direito ainda impelem os esforços científicos para pelo menos uma grande narrativa, ou narrativa que pretenda ter alguma centralidade, e os códigos são uma expressão desse fragmento moderno.

Reconhecendo-se a liquidez e fragmentariedade de um mundo em narrativas, mesmo assim algumas conquistas aparecem como valiosas para o Direito e para a Ciência da sociedade. Já desde o início, Portalis adverte que não era propriamente a completude uma meta a ser alcançada de forma total, já que ele admite ser impossível ao Código Civil prever todas as situações. A abrangência, isto é, uma reunião extensa de matérias em um único documento, foi um resultado importante. Resta saber se esta importância persiste atualmente, ainda que ligada a outros objetivos, como a simplicidade, a organização e, principalmente, alguma coerência.

A tudo isto se conectam as dificuldades típicas do Direito Administrativo. Não é só no Brasil que o Direito Administrativo não é codificado; em realidade, não existe Código de Direito Administrativo em nenhum lugar do mundo, existindo códigos de procedimento nos países que adotam a jurisdição administrativa, mas não códigos abrangendo o Direito material e, muito menos, de políticas públicas. Esta ausência se explica por uma série de razões. A primeira delas é precisamente a (pretensa) falta de maturidade do Direito Administrativo. Enquanto o Direito Civil, à época do Código, já contava com milhares de anos de desenvolvimento, tal não era visto no Direito Administrativo, muito embora este argumento não subsista, já que governos e seus instrumentos são ainda mais antigos que a vida civil e, ainda, existe um centenário debate legislativo e doutrinário sobre vários institutos de Direito Administrativo.

Há de se observar também o interesse político da época nos esforços para a criação de um Código Civil e um Código Penal. Enquanto o primeiro consolidava a vida civil da nova vida burguesa, o Código Penal servia à repressão de comportamentos indesejáveis. Não há dúvidas de que as elites e governos fizeram hercúleos esforços para que os dois códigos existissem, junto a seus processos respectivos. Já a mesma intensidade de interesses nunca existiu em favor da Democracia, do planejamento administrativo e da realização de direitos fundamentais.

Outra razão pela qual o Direito Administrativo lida bem com a inexistência de códigos é sua boa adaptação à fragmentação. As matérias parecem ser fragmentadas porque lidam com diferentes problemas, e estes problemas, quando parcialmente resolvidos que sejam, sugerem ser uma boa estratégia a da atuação fragmentada. Esta ilusão de desconexão, contudo, só existe pela ausência da categoria das políticas públicas. Quando se colocam as políticas públicas realizadoras de direitos fundamentais como centro da atividade administrativa, os institutos de Direito Administrativo, que antes pareciam desconexos e fragmentados, adquirem um linha-mestra, e, com isso, ganham ligação e coordenação, já que passam a se articular em planos maiores e a servirem aos mesmos objetivos.

O Direito Administrativo, sem dúvidas, é o ramo do Direito mais político, no sentido estrito, que há. O Direito eleitoral, apesar de ter por objeto partidos, políticos e eleições, refere-se a um processo anterior à assunção do poder. Já o Direito Constitucional, apesar de seu conteúdo muitas vezes governamental, tem por missão precisamente a limitação e domesticação do poder político, de modo que o Direito Constitucional aparece mais como uma face de Janus, onde de um lado há uma racionalização do poder pela forma jurídica, e de outro há um uso da forma jurídica pelo poder. O Direito Administrativo, contudo, não possui as defesas da estabilidade advindas da supremacia constitucional, da rigidez do texto e dos meios de controle da constitucionalidade. Realmente os mecanismos de Direito Administrativo são engrenagens postas à disposição do poder político do momento, e flutuam conforme as orientações políticas de uma determinada época, dos partidos do poder e do personalismo dos dirigentes. Isto tudo sem prejuízo da noção de que o Direito Administrativo também é um direito de proteção aos direitos do cidadão que é administrado por um determinado governo, mas é inegável que o Direito Administrativo é mutável e, portanto, difícil de ser organizado em Código por conta de seu caráter de instrumental político no sentido estrito do termo.

Finalmente, a última dificuldade para a existência de códigos reside na multiplicidade de centros de poder. Tanto nos Estados unitários europeus como nas grandes federações existirão diferentes entidades produzindo normas, sendo que estas obedecerão a regras de competência próprias, o que constitui, de certa forma, até direitos destas unidades a uma não unificação das legislações em forma de código. O Brasil teria também essa dificuldade, na medida em que é adotado um sistema federal no qual os entes federativos possuem constitucionalmente a garantia da autonomia, sendo esta autonomia precisamente legislativa e administrativa.

É preciso, contudo, um Código.

As necessidades antes expostas de pretensão de coerência, abrangência, racionalização e simplificação não são conveniências. São, antes, um dever da doutrina científica para com o Brasil e para com o Direito Administrativo. São um dever, uma vez que compete à ciência social aplicada, como antes exposto, procurar os melhores meios para que as decisões sejam coordenadas da forma mais racional possível. Um desses meios é a formação de um documento cuja narrativa esteja centrada no acúmulo de experiências administrativas e na condução da gestão pública por meio das políticas públicas, tal qual um Código que, além de unificar o Direito Administrativo, também discipline as políticas públicas, fazendo a articulação entre os dois fenômenos, e, precisamente, dando-lhes algum grau de coerência no mundo turbulento da atualidade. A indissociabilidade entre Direito Administrativo e Políticas Públicas é demonstrada pela necessidade de uma forma jurídica de atuação governamental, a qual se faz via políticas públicas, e que é precisamente o Direito Público, de forma mais precisa o Direito Administrativo. O Direito Administrativo possui peculiaridades e funções que se justificam precisamente pela inserção de seus instrumentos e institutos dentro do contexto das políticas públicas.

Diante das dificuldades antes expostas, esta é uma pretensão possível? A maior parte dos institutos de Direito Administrativo possuem décadas, senão centenas de anos, tanto de legislação como de doutrina. Há uma Constituição extensa disciplinando diversos institutos, com uma tradicional jurisprudência constitucional. Os institutos de Direito Administrativo são, em sua maior parte, ou de legislação privativa da União (como licitações, desapropriação, Direito do Trabalho e propriedade), ou comportam a edição de normas gerais da União, sendo também especificações e detalhamentos de norma constitucional ou, finalmente, que podem ser redigidas na forma permissiva. Um código de Direito Administrativo pode e deve tentar se equilibrar entre densidade normativa suficiente para não ser um amontoado retórico de princípios, mas também deve permitir, pela abertura de algumas normas, que o próprio Código seja aplicado e adaptado pelos diferentes entes federativos. Existem, por outro lado, limites, mas também possibilidades com relação aos instrumentos administrativos de governo, de modo que o Código deve dar opções aos administradores públicos das diversas cores ideológicas do presente e do futuro, e não realizar de forma pontual as referidas escolhas políticas, salvo no caso das diretrizes constitucionais. O Código, para subsistir no tempo e não padecer de inconstitucionalidades, deverá ter um foco mais procedimental, instrumental e organizacional que precisamente de escolhas políticas, até para, sobretudo, também respeitar as autonomias federativas e as realidades políticas locais. O Brasil adota uma perspectiva de federalismo simétrico, com regras de organização semelhantes para os entes federativos. Além disso, todos atuarão de forma administrativa e mediante políticas públicas, o que facilita a produção de um Código, desde que se mantenha a abertura antes mencionada. Finalmente, as políticas públicas, como tal, são evidentemente *políticas*, mas elas possuem uma forma jurídica que pressupõe um planejamento administrativo, uma constituição normativa, formas de implementação que dependem de gestão pública, avaliações jurídicas e se valem de instrumentos administrativos concatenados para formar resultados desejados tanto pela autoridade política do momento como pela Constituição. Há de se lembrar, também, que a pretensão de completude, que já era impossível à época oitocentista, é ainda mais impossível nos dias atuais e em se falando de Código Administrativo, razão pela qual foi inevitável a remissão a leis e a impossibilidade de codificação total pela dinamicidade e tamanho da regulamentação, como foi o caso das licitações e contratos administrativos, ou mesmo diante de impossibilidades constitucionais, como uma eventual disciplina exaustiva dos servidores públicos, cujo assento é a legislação do ente federativo.

Este Código alinha quatro objetivos fundamentais.

O primeiro é pedagógico. Trata-se de um ensaio de realidade paralela ou narrativa ficcional, visando a ensinar como seria o Direito Administrativo e as políticas públicas caso a Administração Pública brasileira possuísse um código.

O segundo objetivo é o de alinhamento com as políticas públicas. O Direito Administrativo sempre precisou de conceitos vagos para dar-lhe missão e sentido, tais como a função administrativa e o interesse público. A política pública é a forma de atuação da gestão pública e, como tal, toda a atividade administrativa se desenvolve ao seu redor e em sua função, razão pela qual não só o Direito Administrativo tem utilidade à medida que serve às políticas públicas, mas também se justifica em razão do funcionamento dos seus programas e para o alcance das suas metas.

O terceiro objetivo é o de compilação coerente e crítica da legislação e doutrina existente sobre os institutos de Direito Administrativo. Os institutos jurídicos administrativos pertinentes às políticas públicas já existem, porém restam espalhados pela legislação e com muitas décadas de diferença entre um e outro. Foi necessário, deste modo, compilar e reagrupar os institutos conforme uma nova lógica em torno das políticas públicas e, ainda, atualizar os institutos jurídicos para a nova ordem constitucional. Permitiu-se, aqui e ali, realizar ajustes críticos sobre a disciplina de determinados institutos jurídicos, no intuito de aperfeiçoá-los em direção à melhor coordenação social.

O último objetivo foi a adaptação da legislação ao governo digital. Muito embora iniciativas de governo digital já estejam consolidadas, os institutos de Direito Administrativo se apresentam, como antes dito, de forma fragmentada e, alguns, muito antigos. Foi necessário adaptá-los para que todos refletissem as possibilidades do governo digital, dos processos digitais, do uso das plataformas de governo digital e dos atos automatizados.

O Código é dividido em sete partes, a saber: Normas Gerais de Direito Administrativo e Políticas Públicas, Processo Administrativo, Direito Administrativo Organizacional, Instrumentos Administrativos de Políticas Públicas, Agentes Públicos, Integridade e Controle da Administração Pública e da Tutela dos Direitos da Administração Pública.

Nas Normas Gerais de Direito Administrativo, estabeleceu-se a relação entre Direito Administrativo e Políticas, expôs-se o conceito de gestão pública e hierarquizaram-se as fontes do Direito Administrativo. As fontes do Direito Administrativo, tais como princípios e legislação, foram descritas e enumeradas, assim como esclarecidas as diferenças entre regulamento e legislação administrativa autônoma. O mesmo título ainda traça as diretrizes gerais e específicas de interpretação do Direito Administrativo, com a enumeração de seus postulados. São explicitados diversos institutos relacionados à relação jurídico-administrativa, como o domicílio administrativo, os direitos da Administração Pública e uma longa lista de direitos do cidadão destinatário das políticas públicas, além de normas sobre plataforma de governo digital. O tema das políticas públicas é introduzido com a sua conceituação jurídica, as formas de participação social, as políticas públicas, sua formulação jurídica, seu processo de planejamento e implementação como finalmente sua avaliação. A longa doutrina do ato administrativo é atualizada e normatizada, com a introdução dos atos administrativos advindas da automação, e a enumeração de diversos atos administrativos, com as suas consequências jurídicas. Há ainda o tema dos acordos e contratos de Direito Administrativo, os quais foram disciplinados parcialmente, já que são objeto de legislação específica.

A segunda parte versa sobre os diferentes processos administrativos. Além da parte geral sobre processo administrativo, foi realizado um trabalho de separação entre os diferentes tipos de processo administrativo, sempre permitindo sua adaptação para as circunstâncias específicas e dentro dos entes federativos. Foi descrito um processo administrativo ordinatório, voltado às atividades rotineiras de gestão; um processo administrativo licenciador, para os atos de licenciamento de atividades; um processo de outorga de direitos, para a aplicação das normas conferidoras de direito pela Administração Pública, um disciplina geral dos processos competitivos, versando sobre licitações, que continua regida por lei própria, assim como normas de concursos públicos; o processo administrativo sancionador, voltado à aplicação das diferentes formas de punição administrativa existentes na legislação administrativa, incluindo o poder de polícia e o poder disciplinar e a disciplina dos processos de auditoria e avaliação. Há uma repartição voltada à Administração Pública dialogada, sistematizando os acordos realizados a efeito pela Administração Pública, com uma disciplina geral, e, também, instrumentos para a regularização de condutas de particulares, a maior parte inovadores, mas mantendo o que há na legislação específica, e encerrando a sessão com o detalhamento do direito de petição.

O terceiro livro trata do Direito Administrativo organizacional, o qual compila as regras de competência, formação de órgãos, unidades e departamentos, assim como a distribuição de tarefas, delegações e avocações. Há uma superação do Decreto-Lei nº 200, na medida em que a matéria lá tratada é esgotada e normatizada sobre uma nova luz, modernizada. São elencadas as entidades da Administração Indireta, suas formas de criação, seu regime jurídico, funcionamento e finalmente funcionalidades.

O quarto livro organiza os instrumentos administrativos de políticas públicas. Diferentes institutos, que antes pareciam sem conexão, agora são articulados para fazerem frente às necessidades de realização de objetivos das políticas públicas. Há uma ordenação do poder de polícia, com sua conceituação e normatização de seu ciclo. Foi realizada a conceituação jurídica do serviço público, com a divisão em diferentes regimes jurídicos para os serviços públicos exclusivos, para os serviços sociais, para os serviços comunitários, para os serviços públicos individualizáveis, para os serviços públicos de conveniência e para os serviços públicos administrativos. Foi normatizado e atualizado o regime de concessão e permissão, com unificação ao regime das parcerias público-privadas, indicando-se quando é o caso de uso de cada instrumento. Foram também regulados os serviços de caráter econômico prestado pelo Estado, assim como os serviços de interesse geral prestados por particulares, aos quais incidem maiores obrigações de Direito Administrativo. Foi realizada uma normatização uniforme do fomento público, sem excluir a normatização atualmente existente dessa forma administrativa. Seguindo-se na mesma lógica de enumeração e disciplina dos instrumentos de Direito Administrativo, regrou-se, de forma genérica, a atividade de regulação estatal. A lacuna normativa constitucional acerca da exploração econômica direta pelo poder público foi finalmente suprida, estabelecendo situações de aplicação da lógica da subsidiariedade econômica e introduzindo a lógica do empreendedorismo na Administração Pública. Outro grupo de instrumentos importante refere-se à regulação e à intervenção da propriedade privada, e lá foram normatizados, de forma a esgotar e superar a legislação existente, a desapropriação e o tombamento. Foram mencionadas regras de expropriação, conceituada e regrada limitação administrativa, e finalmente definidas a servidão administrativa, a requisição administrativa e a ocupação temporária. Finalmente, encerrando o livro respectivo, há inovação, ao prever-se formas de aquisição dos bens públicos, a lista de bens indisponíveis, a forma de gestão dos bens públicos, incluindo sua concessão, permissão e autorização e finalmente as diferentes formas de desfazimento dos bens públicos, superando-se tanto as normas presentes no Código Civil como na lei de licitações.

O quinto título se refere aos agentes públicos. Os agentes públicos são classificados e normatizados genericamente, reservando-se aos entes federativos as normas sobre sua gestão. Existem, entretanto, além de normas conceituais, permissivas e organizativas, dispositivos que materializam entendimentos jurisprudenciais sobre agentes públicos, além de especificações, detalhamentos e normas interpretativas que decorrem diretamente da Constituição.

O sexto título versa sobre a integridade e controle da Administração Pública, normatizando as camadas de defesa e as normas éticas que devem reger a atividade administrativa. Foi feito um esforço para tentar normatizar, de forma organizacional e mediante normas permissivas, os controles internos e externos, sem, novamente, invadir as esferas de autonomia dos entes federativos, mas, ao mesmo tempo, consolidando a doutrina e a jurisprudência sobre o tema. Foi, finalmente, criada uma seção acerca da decisão controladora, visando ao estabelecimento de opções menos traumáticas, no caso de necessidade de nulidade de ato ou acordo administrativo, bem como, finalmente, a disciplina da avaliação das políticas públicas.

Finalmente, o sétimo e último livro versa sobre a tutela dos Direitos da Administração Pública. Foram enumeradas as prerrogativas gerais e processuais da Administração Pública, superando a legislação processual civil. A decadência e a prescrição administrativas foram compiladas em uma só seção. Foram introduzidas formas de execução administrativa, visando a tornar mais efetiva a realização dos créditos da Administração Pública. Superando o Código Civil, há uma seção inteira sobre responsabilidade civil da Administração Pública, detalhando a sua responsabilidade objetiva e a ação de regresso. Há uma seção sobre mediação e conciliação administrativa, compilando a legislação existente sobre a matéria. A Advocacia Pública foi contemplada com normas gerais, possibilitadas pela competência da União para legislar sobre normas gerais de processo e profissões. Foram supridas duas importantes omissões legislativas ao final deste último livro. A primeira delas se refere ao controle judicial do ato e do processo administrativo, enumerando as diferentes formas de intervenção judicial no ato administrativo, bem como suas características. Afinal, encerrando o livro, foram organizadas normas direcionadas à intervenção judicial nas políticas públicas, admitindo o fenômeno como legítimo, mas estabelecendo condicionantes e regramentos.

Registrem-se e homenageiem-se todas as tentativas de elaboração de Códigos de Direito Administrativo, uma vez conhecidas as imensas dificuldades científicas e políticas de tal empreendimento.

Este livro só se tornou possível pela experiência como professor de Direito Administrativo e Constitucional da Graduação em Direito da Universidade de Santa Cruz do Sul, assim como pela participação em debates de alto nível no programa de pós-graduação da mesma instituição, como, finalmente, pelo contínuo estímulo intelectual das redes de pesquisa da qual o autor é participante, notadamente da Rede Direito e Políticas Públicas, Rede Internacional de Docentes de Direito Administrativo e Rede Eurolatinoamericana de Docentes de Direito Administrativo.

LIVRO I – DAS NORMAS GERAIS DE DIREITO ADMINISTRATIVO

Capítulo I – Do Direito Administrativo e das Políticas Públicas

Art. 1º Entende-se por Direito Administrativo o conjunto de princípios e regras voltados à realização administrada de direitos fundamentais por meio da gestão pública de políticas públicas.

Art. 2º Considera-se gestão pública a atividade administrativa que consiste na realização, via políticas públicas, dos direitos fundamentais e demais interesses públicos, valendo-se da estrutura organizacional da Administração Pública, mediante planejamento, organização e controle das decisões públicas.

Art. 3º A gestão pública das políticas públicas, como atividade rotineira das políticas públicas, implica o uso planejado, racional e contínuo dos instrumentos administrativos de políticas públicas, como os serviços públicos, o poder de polícia, o fomento, a intervenção da Administração Pública na propriedade, a administração dos bens públicos, entre outros instrumentos, assim como os poderes necessários e adequados para o funcionamento da Administração Pública e a implementação dos direitos fundamentais via prestações de políticas públicas.

Art. 4º O Direito Administrativo tem por características sua vinculação ao princípio democrático, o respeito aos direitos fundamentais, o entendimento do destinatário das políticas públicas como cidadão ativo e detentor de direitos fundamentais, sendo suas normas entendidas como planejadas, racionais, impessoais, processuais, igualitárias, eficientes e coordenadas entre si para a produção de resultados úteis à coletividade e ao cidadão.

Art. 5º Entende-se por Administração Pública a composição de órgãos e entidades públicas empregadas na formulação, implementação e controle das políticas públicas, assim como seus instrumentos, constituindo a estrutura orgânica de ente federativo e seus entes vinculados.

Art. 6º As normas deste Código aplicam-se aos demais ramos do Direito Público, como, exemplificativamente, o Ambiental, Financeiro, Econômico, Tributário, Urbanístico, Eleitoral, Previdenciário, Assistencial, Aeronáutico, Espacial, de Fiscalização do Trabalho e Indigenista.

Art. 7º Incidirão as regras de Direito Administrativo sempre que se tratar de atuação das políticas públicas e quando for estabelecida relação jurídica administrativa entre as partes, nos termos deste Código.

Art. 8º Justifica-se o Direito Administrativo e os poderes que ele atribui à Administração Pública na medida em que estejam empregados na realização de direitos fundamentais por meio das políticas públicas.

Capítulo II – Da Gestão Pública

Art. 9º Reconhece-se como princípio de conhecimento fundamental o de que os direitos fundamentais só se efetuam mediante efetiva cooperação social e atuação pública, tendo por consequência a necessidade de planejamento e implementação de políticas públicas para a sua realização e a organização de instrumentos e processos administrativos de gestão administrativa.

Art. 10. A atividade administrativa e o Direito Administrativo estão orientados à satisfação do interesse público, entendido como a realização de objetivos e metas das políticas públicas e dos valores que emergem da conjugação das normas de Direito Público presentes neste Código.

Art. 11. A administração dos interesses públicos dar-se-á no contexto de funcionamento das políticas públicas, por meio de processos e atos administrativos voltados ou ao andamento da Administração Pública ou à produção de resultados para a população, os quais serão regidos total ou parcialmente pelas normas de Direito Público, baseadas na Constituição, neste Código e demais normas de Direito Público.

Art. 12. A gestão das políticas públicas confere à Administração poderes explícitos e implícitos suficientes para a realização de políticas públicas satisfatórias de direitos fundamentais.

Art. 13. Existirão tantas políticas públicas quantas forem as competências constitucionalmente atribuídas ao ente público, assim como as que forem necessárias à realização dos direitos fundamentais, ou, ainda, para a conveniência da população, conforme democraticamente decidido.

Capítulo III – Das Fontes do Direito Administrativo

Seção I – Das Normas Gerais

Art. 14. O Direito Administrativo possui como fontes normativas o Texto Constitucional, o qual abrange o catálogo de direitos fundamentais, as relações federativas, a estrutura da Administração Pública, incluindo os princípios típicos de Direito Administrativo previstos na Constituição e outros decorrentes da atividade administrativa, a organização dos poderes e a disciplina dos direitos sociais, os tratados internacionais, incluindo os tratados de Direitos Humanos, a legislação ordinária, complementar, legislativa, regulamentar, autônoma e técnica, produzida nos termos deste Código.

Art. 15. Constituem-se como fonte do Direito Administrativo, e obrigam a Administração Pública, o Judiciário e os particulares, os regulamentos e a legislação autônoma da Administração Pública.

Art. 16. O termo "legislação" abrange tanto a lei formal, como os regulamentos e a legislação autônoma produzida pela Administração.

Art. 17. Considera-se regulamento o ato normativo expedido pela Administração que detalhe ou especifique lei, ou que, ainda, detalhe outro regulamento disciplinador de lei.

Art. 18. Considera-se legislação autônoma da Administração Pública aquela inerente ao seu funcionamento regular e administrativo, à organização interna dos órgãos e seus procedimentos de distribuição de tarefas e realização de atividades administrativas, à disciplina de seus instrumentos, à gestão de seus bens, ao planejamento e organização das políticas públicas e ao exercício regular de seus poderes, ou, ainda, nos casos de delegação da lei à normatização administrativa.

§1º As normas autônomas da Administração Pública não terão a denominação de regulamentos e assumirão diversas expressões de Direito, tais como, exemplificativamente, decretos normativos, portarias, instruções normativas e resoluções.

§2º A terminologia regulamento será utilizada para a designação de normas administrativas com instruções detalhadas e precisas para a execução da lei ou outro regulamento superior.

Art. 19. São também fontes do Direito Administrativo os precedentes judiciais e administrativos, os padrões decisórios e os pareceres da Advocacia Pública.

Art. 20. Cada ente federativo produzirá normas de Direito Administrativo para efetivar a sua autonomia garantida constitucionalmente, assim como para parametrizar sua atividade administrativa, como, finalmente, para realizar suas políticas públicas constitucional ou legalmente definidas, podendo valer-se, mediante remissão legislativa específica, a normas de outros entes federativos, nos casos especificados neste Código.

Seção II – Dos Princípios Normativos de Direito Administrativo

Art. 21. Os princípios normativos de Direito Administrativo são aqueles estabelecidos na Constituição Federal, nas leis ou consagrados pela jurisprudência, doutrina ou uso geral, estabelecendo-se na forma de catálogo aberto.

Art. 22. Além de constituir a base estruturante do Direito Administrativo Brasileiro, expressando suas melhores aspirações, os princípios servem de orientação à produção de novas normas, para a conciliação de diferentes interesses e normas na legislação existente, para a justificação de novas soluções jurídicas e para a solução de casos gerais ou concretos, podendo ser disciplinados, condicionados, limitados e expandidos, nos termos da lei e das normas da Administração Pública, desde que não seja inutilizado seu núcleo fundamental, e serão interpretados de forma a serem compatibilizados e na medida de sua utilidade para as políticas públicas.

Art. 23. Os princípios normativos de Direito Administrativo são simultaneamente postulados de interpretação, nos termos deste Código.

Art. 24. Os princípios são aplicados em todas as formas de relação jurídico-administrativa.

Art. 25. Os princípios podem ser aplicados diretamente, se tiverem formulação precisa para tanto.

Art. 26. Podem ser considerados princípios normativos de Direito Administrativo os direitos fundamentais estabelecidos na Constituição Federal, caso exista compatibilidade com a lógica administrativa.

Art. 27. São princípios de Direito Administrativo, entre outros:

I – legalidade, impessoalidade, moralidade, publicidade e eficiência;

II – dignidade da pessoa humana e máxima eficácia dos direitos fundamentais;

III – igualdade, generalidade, seletividade e neutralidade nas prestações de políticas públicas;

IV – planejamento, prioridade na implementação e dotação orçamentária suficiente para as políticas públicas;

V – segurança jurídica;

VI – atendimento à inovação e desenvolvimento tecnológico privado e público, com prioridade de investimento público nas pesquisas básicas e intermediárias;

VII – prestígio ao empreendedorismo público e privado;

VIII – participação pública nos benefícios financeiros das atividades lucrativas por ele financiadas;

IX – aplicação do regime administrativo quando do financiamento direto ou indireto público, ou quando do uso de bens públicos;

X – proporcionalidade e razoabilidade da gestão;

XI – responsabilidade e objetividade dos agentes;

XII – motivação e publicização das decisões públicas;

XIII – participação democrática na maior extensão possível;

XIV – acessibilidade das plataformas, serviços e bens públicos;

XV – disponibilização dos serviços em plataforma única, com multiplicidade de portas de acesso;

XVI – simplificação dos sistemas de assinatura e acesso a plataformas e sistemas;

XVII – interoperabilidade entre os sistemas;

XVIII – proteção dos dados e privacidade dos cidadãos;

XIX – autodeterminação informativa nas redes;

XX – progressivo uso de documento único, credenciais únicas de acesso e compatibilidade entre assinaturas digitais, inclusive entre entes federativos;

XXI – possibilidade de atendimento presencial, em locais centralizados para diversos serviços, conforme público-alvo dos serviços;

XXII – vedação a autenticações de documentos públicos ou já provados no mesmo ou outro processo administrativo;

XXIII – caráter público dos macrodados;

XXIV – transparência pública ativa e passiva;

XXV – publicidade como regra geral e o sigilo como exceção;

XXVI – participação social como direito, nos meios físico e digital;

XXVII – divulgação de informações e processos em tempo real, em formato de dados brutos e tratados, em linguagem técnica e acessível;

XXVIII – priorização do governo como plataforma;

XXIX – divulgação da verdade, em situações que possam colocar em risco a população;

XXX – explicabilidade, rastreabilidade e auditabilidade dos algoritmos e mecanismos de automação e inteligência artificial;

XXXI – indicação de pressupostos de fato e de direito das decisões, mediante motivação suficiente;

XXXII – estabelecimento de formalidades apenas que forem essenciais à honestidade administrativa, à impessoalidade, à organização e à defesa do interesse dos cidadãos, cabendo aos sistemas digitais facilitarem o seu cumprimento;

XXXIII – tipicidade de forma dos atos administrativos apenas nas situações expressamente previstas em norma;

XXXIV – divulgação dos atos oficiais em plataforma centralizada;

XXXV – ampla defesa, com possibilidade de produção de provas, alegações e recursos, nos processos de interesse do cidadão;

XXXVI – proibição de provas ilícitas no processo administrativo;

XXXVII – proibição de cobrança para acesso e julgamento de processos administrativos ou informações de interesse do cidadão, autorizada a cobrança de taxa para fins de licenciamento ou autorização;

XXXVIII – início e impulsão de ofício dos processos administrativos pela própria Administração Pública, inclusive de forma automatizada;

XXXIX – possibilidade de abertura de processo pelo particular interessado, nas hipóteses presentes na norma, com obrigatoriedade de manifestação do poder público;

XL – observância do interesse público e da finalidade na organização e aplicação do Direito Administrativo;

XLI – atuação dos órgãos, unidades e agentes dentro do espaço de competência, vedada sua renúncia e impossibilitada sua prescrição;

XLII – vedação a discriminações de quaisquer formas;

XLIII – proteção ambiental, incluído os recursos hídricos, da fauna e flora, assim como o patrimônio genético brasileiro;

XLIV – valorização dos conhecimentos tradicionais;

XLV – reconhecimento, para fins de desenho de programas de políticas públicas, da importância dos diferentes povos que compõem a comunhão nacional;

XLVI – adaptação dos serviços e prestações às condições culturais da comunidade ou cidadão destinatário;

XLVII – responsabilidade social na organização da Administração Pública;

XLVIII – multidimensionalidade dos controles e auditorias, incluindo a legalidade e o controle por resultados, perante os órgãos de controle interno ou externo;

XLIX – integridade e a honestidade administrativas;

L – federalismo cooperativo, em auxílio recíproco entre as entidades federativas e respeito à autonomia dos entes federativos;

LI – centralidade das políticas públicas e dos direitos fundamentais na atividade administrativa;

LII – lista de serviços e prestações de políticas públicas oferecidas em plataforma única, de acesso multimeio;

LIII – avaliação, monitoramento, periodicidade e revisibilidade das políticas públicas;

LIV – caráter incremental das melhorias nas práticas administrativas;

LV – transição enérgica e reconhecimento das transformações climáticas;

LVI– responsabilidade do setor público ante as consequências das transformações climáticas;

LVII – uso do formato digital para as ciências e intimações em processos administrativos;

LVIII – habitualidade, continuidade, atualidade e generalidade de todas as prestações das políticas públicas;

LIX – utilização da autoatribuição tanto para a obtenção de benefícios individuais em políticas públicas, como para a caracterização de povos especialmente protegidos;

LX – admissão da existência de mecanismos velados de racismo e de misoginia na estrutura da Administração Pública, com os métodos adequados de tratamento e sua consequente vedação;

LXI – compatibilidade entre impessoalidade e atendimento humanizado, quando a situação assim o exigir;

LXII – caráter multifacetado e mutante dos fenômenos de improbidade e corrupção, com a criação dos meios e mecanismos que a situação exigir;

LXIII – manutenção do caráter competitivo e de escolha do melhor proponente ou candidato, nos processos competitivos;

LXIV– segregação de funções, em processos competitivos, licenciadores, controladores e sancionatórios;

LXV– caráter público dos serviços públicos prestados via fomento;

LXVI – vinculação ao edital, quando este existir;

LXVII – competitividade, impessoalidade e objetividade nas seleções de fornecedores e pessoal nos serviços públicos fomentados;

LXVIII – processos de seleção nas parcerias com entidades da sociedade civil, mesmo quando em caráter de não exclusividade;

LXIX – prestações das contas multifatoriais, incluindo procedimento, legalidade e resultado, de quem quer que estabeleça relações com a Administração Pública, incluindo parceiros privados da sociedade civil;

LXX – publicidade de conteúdos verdadeiros de interesse público;

LXXI – desenvolvimento nacional sustentável.

Seção III – Da Lei em Sentido Estrito

Art. 28. A Lei cumprirá as seguintes funções dentro do regime jurídico de Direito Público, entre outras especificadas na Constituição e neste Código:

I – criação de órgãos públicos, autarquias, fundações públicas de Direito Público, associações públicas de Direito Público e autorizações para a criação de fundação de Direito Privado ou empresas estatais;

II – normas gerais de processo administrativo, incluindo processos licenciadores, competitivos, sancionatórios e controladores, ou delegação de formulação geral ou parcial para legislação autônoma da Administração;

III – definição de tipos e sanções administrativas, ou atribuição de formulação geral ou parcial por legislação autônoma da Administração;

IV – formas gerais de aquisição, gestão e alienação de bens públicos;

V – disciplina geral das licenças, autorizações, concessões e permissões de serviços públicos e de bens públicos;

VI – regime jurídico dos agentes políticos, servidores efetivos, cargos comissionados e de funções temporárias;

VII – normas gerais de limitação e intervenção da Administração Pública na propriedade privada;

VIII – normas gerais relacionadas a acordos da Administração Pública;

IX – orçamentos públicos, despesas públicas e formas de seu empenho;

X – normas gerais sobre bens jurídicos protegidos e condutas proibidas pelo poder de polícia;

XI – criação e quantitativo de cargos, empregos, funções, sua remuneração, vantagens, regime jurídico, requisitos para investidura e formas de estabilidade, sancionamento e aposentadoria, além das competências básicas dos cargos, empregos e funções criadas.

Art. 29. A Lei poderá, facultativamente, normatizar os seguintes conteúdos, entre outros previstos na Constituição e neste Código:

I – pormenorizar os procedimentos administrativos;

II – materializar os elementos das políticas públicas, inclusive o estudo de políticas públicas e seus planos;

III – definir os objetivos das políticas públicas;

IV – estabelecer os critérios e procedimentos de avaliação das políticas públicas;

V – normatizar as formas de monitoração das políticas públicas;

V – publicizar os serviços que serão considerados públicos;

VI – detalhar os tipos e sanções administrativas;

VII – especificar as condições de licenciamento e as contrapartidas;

VIII – desdobrar as formas de gestão do patrimônio público;

IX – detalhar as formas de intervenção na propriedade;

X – elencar as medidas autoexecutórias e sancionatórias;

XI – criar unidades administrativas e pormenorizar suas competências;

XII – limitar, de forma detalhada, comportamentos pessoais, liberdades e usos de bens por particulares;

XIII – estabelecer formas gerais de hierarquia, supervisão e controle dentro dos órgãos e unidades administrativas;

XIV – fixar ritos processuais e a discriminação do empenho e despesas públicas;

XV – explicitar cláusulas específicas de contratos administrativos uniformes;

XVI – propor formas detalhadas de extinção de obrigações públicas;

XVII – criar diretamente de escritórios e laboratórios de inovação;

XVIII – elencar direitos do cidadão destinatário das políticas públicas.

Seção IV – Do Regulamento

Art. 30. Considera-se regulamento a expressão do poder regulamentar, materializando-se em qualquer norma geral que, para fins de dar efetividade à lei, contenha instruções detalhadas, inclusive informações novas, desde que retroagíveis à lei, tais como decretos, portarias e instruções normativas de caráter regulamentar.

Parágrafo único. Os regulamentos produzirão efeitos vinculantes para a Administração Pública e o Poder Judiciário, mesmo que de outro ente federativo, e particulares.

Art. 31. O regulamento detalhará a lei, disciplinando e detalhando, entre outros conteúdos:

I – competências dos órgãos previstas genericamente em lei;

II – tipos e sanções administrativas e disciplinares;

III – processos licenciadores, competitivos, sancionatórios e de controle;

IV – meios de realização do planejamento e despesa pública;

V – aquisição, gestão e alienação de bens públicos;

VI – procedimentos, requisitos e formas de licença, autorização, concessão, permissão e delegação de bens e serviços públicos;

VII – códigos de ética e as condutas proibidas aos servidores públicos, inclusive seu processo, em caso de delegação legislativa.

Art. 32. O regulamento que regulamentar a lei será considerado regulamento de primeiro nível, e detalhará instruções para a efetivação da lei, podendo consistir em decreto ou resolução.

Art. 33. O regulamento de segundo nível detalhará o regulamento de primeiro nível e manterá, ao mesmo tempo, a fidelidade com os objetivos da lei, consistindo em portaria, instrução normativa ou outro ato assemelhado.

Art. 34. O regulamento que extrapolar as funções de detalhamento e especificação da lei será objeto de controle político e judicial difuso, podendo o interessando, mediante processo específico previsto em lei, iniciar processo administrativo para a revisão de regulamento.

Seção V – Das Normas Autônomas da Administração Pública

Art. 35. A Administração Pública criará normas gerais e particulares para o seu funcionamento, de forma autônoma, as quais obrigam a Administração, o Poder Judiciário e os particulares.

Art. 36. A legislação autônoma possui dignidade própria, sem necessidade de previsão em lei, refletindo a autonomia da organização dos órgãos públicos, o que inclui a divisão de tarefas internas e seus procedimentos.

Art. 37. Serão consideradas normas autônomas aquelas contidas em decreto de caráter normativo que, entre outros casos previstos neste Código:

I – crie unidades administrativas dentro de órgãos, assim como fixem suas competências;

II – estabeleçam processos ordinatórios, dentro dos parâmetros deste Código;

III – disponibilizem comodidades ao cidadão;

IV – organizem o funcionamento das diferentes unidades dentro dos órgãos, inclusive a gestão de seus bens;

V – extingam cargos públicos, quando vagos;

VI – estabeleçam regras para licenças, autorizações, permissões e concessões;

VII – instituam procedimentos de reconhecimento de direitos para particulares, inclusive licenças e autorizações, e para agentes públicos, os quais obrigarão o Poder Judiciário e particulares;

X – organizem plataformas de governo digital, inclusive com instituição de sistemas de pagamento e de participação popular;

X – constituam critérios pontuais de seleção de temporários e de pessoal ocupante de cargo em comissão;

XI – planejem políticas públicas e materializem seus planos, assim como fixem seus critérios de avaliação e revisão;

XII – estabeleçam estratégias de inovação, desenvolvimento, digitalização e modernização da Administração Pública;

XIII – escolham os sistemas de segurança de dados e de assinaturas;

XIV – materializem os programas das políticas públicas, via projetos ou outros instrumentos.

Art. 38. As entidades de Direito Privado da Administração Pública estabelecerão suas competências por ato normativo interno.

Art. 39. Serão consideradas legislação autônoma da Administração Pública, sem necessidade de previsão genérica em lei, as portarias, portarias interministeriais, circulares, decisões coordenadas, resoluções, instruções normativas e demais atos normativos subordinados que disciplinem o seu funcionamento, e que tenham o seguinte conteúdo, entre outros:

I – criem equipes e grupos de trabalho;

II – disciplinem a forma de distribuição de tarefas e a realização de atividades;

III – estabeleçam horários e formas de funcionamento da Administração Pública, inclusive teletrabalho;

IV – constituam as formas de delegação de tarefas, sua supervisão, bem como sua avocação;

V – organizem processos de atribuições de direitos para agentes públicos e particulares, apenas com efeitos internos;

VI – constituam formas externas para os atos administrativos, inclusive o modo de sua motivação;

VII – normatizem os níveis de automação e de inteligência artificial, inclusive com possibilidade de sua revisão;

VIII – tracem diretrizes de planejamento de projetos e de sua execução, assim como suas listas de verificação;

IX – escolham e implementem os sistemas informáticos de tomada e registro de decisão na Administração Pública;

X – definam as obrigações concretas que incidem sobre os bens privados sob intervenção estatal;

XI – constituam programas e projetos em políticas públicas;

Art. 40. A lei poderá conter cláusula geral de delegação à legislação autônoma da Administração em temas pontuais, entre outros casos previstos neste Código.

Seção VI – Das Normas Regulatórias

Art. 41. Consideram-se normas regulatórias aquelas normas gerais ou específicas que, para fins de realização de políticas públicas, fixam obrigações e determinações técnicas a agentes de determinado setor dos serviços públicos, dos serviços de interesse geral e dos bens e serviços econômicos prestados por entes públicos e privados.

Parágrafo único. As normas regulatórias serão produzidas pelo ente regulador e possuem base em autorização geral da lei criadora do órgão ou entidade produtora, possuindo caráter de legislação autônoma.

Art. 42. Produzirão e implementarão normas regulatórias órgãos da Administração Direta, autarquias e associações públicas de Direito Público, conforme detalhado neste Código no capítulo pertinente.

Art. 43. Caso a norma regulatória preveja sanção, este aspecto da regulação será regido pelas normas de poder de polícia, presentes neste Código.

Seção VII – Dos Padrões Decisórios

Art. 44. A Administração Pública, a Advocacia Pública, os Tribunais de Contas e o Poder Judiciário poderão estabelecer padrões decisórios para a Administração Pública a fim de firmar-lhe a segurança, obrigando-lhes o comportamento conforme, tanto da Administração Direta quanto da Indireta, o que prevenirá qualquer responsabilidade funcional.

Art. 45. Equiparar-se-á a padrão decisório o resultado de consulta a ser realizada tanto perante órgão interno de controle como perante Tribunais de Contas.

Art. 46. Os padrões decisórios materializar-se-ão em orientações, súmulas administrativas, jurisdicionais e vinculantes e pareceres vinculantes, os quais podem, a depender da autoridade signatária, obrigar toda a Administração ou apenas a órgão ou unidade.

Art. 47. Os padrões decisórios podem ser elaborados no âmbito da União, dos Estados-Membros, dos Municípios e do Distrito Federal.

Parágrafo único. Os entes federativos poderão aderir a pareceres e súmulas de outros federativos, mediante ato administrativo individual.

Art. 48. As súmulas simples dos tribunais, mesmo inferiores, seja de que qualquer natureza forem, poderão obrigar toda a Administração, em caso de parecer ou orientação da Advocacia Pública.

Art. 49. A Administração Pública aplicará diretamente o resultado das decisões em sede de controle de constitucionalidade, podendo, sem autorização de órgão superior, aplicar teses de repetitivos e repercussão geral, salvo caso de dúvida, onde será exarado parecer do órgão competente, o qual pode ser aderido inclusive por ente federativo diverso.

Seção VIII – Dos Precedentes Administrativos e Judiciais

Art. 50. Entende-se por precedente administrativo a reiteração de decisões, em contencioso administrativo ou jurisdicional, que resolva causa jurídica relevante, a qual possa ser aplicada em casos análogos, mantidas as razões jurídicas que motivaram a decisão.[1]

Art. 51. A aplicação analógica de precedente consolidado administrativo ou jurisdicional, quando razoável, previne qualquer espécie de responsabilização, mesmo quando existir conflito entre precedentes de órgãos administrativos e judiciários.

Art. 52. A Administração Pública observará, no que for possível, mesmo sem edição de parecer, os precedentes jurisprudenciais, para fins de prestígio à soberania das decisões judiciais.

Art. 53. A edição de parecer para a observação de precedente judicial serve aos fins de eficiência administrativa e delimita o sentido e o alcance das decisões jurisprudenciais relevantes.

Seção IX – Das Normas Técnicas

Art. 54. A legislação administrativa poderá fazer remissão a normas técnicas de entidades internacionais de padronização de qualidade ou de harmonização de padrões profissionais, considerando-se estas normas como normas de Direito Público.

Art. 55. As normas da ABNT fazem parte do repertório de normas de Direito Público brasileiro, por extensão, salvo quando conflitarem com norma diversa produzida por entidade pública.

Parágrafo único. Poderão ser utilizadas, também, as normas da Organização Internacional de Normalização – ISO.

Art. 56. O sistema métrico do Direito Administrativo Brasileiro é o decimal, tendo o metro como centro de medida, e os graus célsius como medida de temperatura, conforme estabelecido pelo Instituto Nacional de Metrologia, Qualidade e Tecnologia – Inmetro.

Art. 57. Mesmo que não exista menção expressa a organizações de padronização em normas, editais e contratos, as exigências de razoabilidade poderão exigir que, na lacuna, utilizem-se as normas de padronização nacionais ou internacionais.

---

[1] FAVIEIRO, Jonas Trindade. *Precedentes e padrões decisórios nas esferas judicial, controladora e administrativa*: suas contribuições ao regime jurídico das políticas públicas. 2024. Orientadora: Caroline Muller Bitencourt. Tese (Doutorado em Direito) – Universidade de Santa Cruz do Sul, Santa Cruz do Sul, 2024.

Capítulo IV – Da Interpretação e Aplicação do Direito Administrativo

Seção I – Das Normas Gerais de Interpretação do Direito Administrativo

Art. 58. A interpretação dos direitos do cidadão destinatário das políticas públicas ante a Administração Pública priorizará a fruição coletiva dos direitos, sem sacrifício desproporcional de direito individual.

Art. 59. O agente ou a equipe aplicará o Direito Administrativo, interpretando-o de forma integrada entre princípios e regras e mediante orientação ao interesse público, entendido como tal aquele vinculado aos objetivos das políticas públicas.

Art. 60. Considera-se aplicação do Direito Administrativo a realização de ato material por parte da Administração Pública.

Art. 61. Em caso de existência de súmulas ou pareceres administrativos, o agente público deve observá-los.

Art. 62. As súmulas não vinculantes e os precedentes judiciais terão aplicação preferencial, salvo parecer ou orientação da Advocacia Pública, quando serão obrigatórios.

Art. 63. Em situações colegiadas ou de decisão em grupo, o agente público poderá consignar sua posição individual em ata, caso entenda não ser a solução dada a juridicamente adequada.

Art. 64. O agente público não pode alegar concepção política, ideológica, partidária, religiosa, ou qualquer outra razão, para não dar cumprimento da norma administrativa, sob pena de responsabilidade administrativa.

§1º Caso o agente público entenda ser inconstitucional ou ilegal a norma ou o comando, poderá, provisoriamente, não lhe dar cumprimento, abrindo procedimento de consulta com superior hierárquico.

§2º Em caso de normas ou comandos administrativos que atentem contra a vida ou integridade física do cidadão, será dever do agente público recursar-se ao seu cumprimento, sob pena de responsabilidade funcional.

Art. 65. São postulados de interpretação do Direito Administrativo:

I – a compatibilidade entre a utilização da política pública como realização dos direitos fundamentais e o próprio respeito aos direitos fundamentais quando da implementação e execução das políticas públicas;

II – o reconhecimento de que a produção de resultados públicos se dá mediante atuação ativa da Administração Pública;

III – o cuidado com a desproporção de carga individual ante a necessidade de atendimento aos interesses coletivos;

IV – a nulificação dos atos conforme parâmetros de distribuição equânime de prejuízos, nos termos deste Código;

VI – a legalidade, a impessoalidade, a igualdade, a isonomia, a eficiência e a moralidade administrativa;

VII – a proporcionalidade e a razoabilidade;

VIII – o planejamento;

VIII – a deferência institucional à especialização e o conhecimento dos órgãos e unidades administrativas;

IX – a decisão conforme evidências e padrões científicos.

Art. 66. A mudança de entendimento da Administração Pública sobre interpretação de norma é regida pelos seguintes parâmetros:

I – é aplicável imediatamente aos processos ordinatórios;

II – não retroagirá materialmente em prejuízo do cidadão destinatário das políticas públicas;

III – não se aplica materialmente para as situações de processos administrativos ainda não resolvidos, salvo se mais favorável ao destinatário;

IV – não se aplica materialmente às situações em que o direito não esteja totalmente constituído ou negado, e tenha o particular cumprido obrigação material ou procedimental, salvo se benéfico ao destinatário;

V – em caso de normas processuais, aplica-se imediatamente aos processos administrativos em curso, adotando-se o critério do isolamento das fases processuais, de modo que o novo entendimento será utilizado na próxima fase do processo.

Art. 67. Aplica-se imediatamente, inclusive com relação a fatos passados, mudança de interpretação com relação a poderes de investigação ou instrução da Administração Pública, incluindo o aumento de poderes mediante a criação de norma instituindo poderes.

Parágrafo único. O disposto neste artigo também vigora para a execução administrativa.

Art. 68. O Direito Civil será utilizado como fonte subsidiária e para fins de definição de termos técnicos usualmente utilizados em Direito.

Art. 69. O Processo Civil será utilizado como fonte subsidiária dos processos administrativos, mesmo os de caráter sancionatório.

Seção II – Das Normas Específicas de Interpretação do Direito Administrativo

Art. 70. Serão privilegiadas as normas que garantam a implementação das políticas públicas já existentes.

Art. 71. As políticas públicas e seus programas de garantida efetividade são interpretados de modo a preservar suas características fundamentais.

Art. 72. A interpretação das normas de participação e controle social orientar-se-á no sentido da maior participação possível, seja em extensão, seja em periodicidade.

Art. 73. Presume-se a boa-fé do interessado em todas as fases do exercício do poder de polícia, exceto quando da constatação de fato que dá ensejo à aplicação de sanção de polícia, à qual militará presunção relativa de veracidade para a Administração Pública ou quem exerça suas atribuições.

Art. 74. Caso a legislação não fixe sanção vinculada para determinada prática ilícita, a sanção a ser aplicada pela autoridade administrativa deverá obedecer a parâmetros de razoabilidade e proporcionalidade.

Art. 75. É vedada aplicação retroativa de sanção de polícia baseada em entendimento novo da Administração Pública.

Art. 76. A interpretação da legislação de polícia priorizará, nesta ordem, a satisfação do interesse público, entendido como realização de direitos fundamentais individuais ou coletivos de forma socialmente justa, e necessidade e proporcionalidade no estabelecimento de restrições e condicionamentos a atividades e uso de bens.

Art. 77. Quando existir possibilidade de extinção de direito ou relação jurídica, caberá aplicação do princípio da insignificância em sede de Direito Administrativo Sancionador.

Art. 78. As normas regulatórias serão interpretadas em favor da eficiência do setor ou da prestação dos serviços mediante intervenção ou indução públicas, o que implica privilégio da elaboração e cumprimento ativo das regras postas ante interesses individuais.

Art. 79. As normas de execução e regulação do serviço público, inclusive no que toca às concessões, serão interpretadas de modo a se manter a continuidade, generalidade e habitualidade do serviço público, sem que, contudo, sejam prejudicados parâmetros mínimos de qualidade.

Art. 80. As normas de intervenção na propriedade serão interpretadas com o objetivo de satisfazer as funções sociais da cidade, da propriedade urbana, rural, da proteção ambiental e do ambiente agrário.

Art. 81. As normas de gestão dos bens públicos serão interpretadas de maneira a privilegiar seu uso para as finalidades postas pelas políticas públicas.

Art. 82. As normas licenciadoras serão interpretadas visando aos objetivos das políticas públicas, priorizando-se a inovação e a liberdade dos cidadãos, mas com o estabelecimento de contrapartidas necessárias e suficientes à compensação de eventuais danos e reservando-se a Administração o direito a eventual negativa de licença, em caso de alto impacto da atividade.

Art. 83. As normas relacionadas às concessões de bens públicos serão interpretadas de forma a manter a acessibilidade e a integridade dos bens públicos.

Art. 84. A extinção de tipo administrativo ou sanção não retroage para fins de exclusão dos efeitos da sanção, mas será aplicada imediatamente aos processos sancionatórios em curso.

Capítulo V – Da Relação Jurídico-Administrativa

Seção I – Da Formação da Relação Jurídico-Administrativa

Art. 85. A relação jurídico-administrativa caracteriza-se pela incidência das regras e finalidades de gestão pública e pelo contexto de realização dos objetivos das políticas públicas, constituindo-se em relações regidas pelo Direito Público, sendo minimamente, aquelas estabelecidas entre:

I – Administração Pública dos entes federativos entre si e com seus agentes;

II – Administração Pública com cidadão destinatário da política pública, sob qualquer forma;

III – Administração Pública e demais entidades privadas contratadas, fornecedores, reguladas, autorizadas, fomentadas ou delegadas;

IV – entidades privadas reguladas, autorizadas, fomentadas ou delegatárias com seus usuários e destinatários.

Art. 86. A relação jurídico-administrativa tem por conteúdo a incidência dos princípios e regras de Direito Administrativo, incluindo os direitos do cidadão destinatário das políticas públicas, previstos neste Código.

Art. 87. A relação jurídico-administrativa ocorre quando, dentro do uso de instrumentos de políticas públicas, existe a incidência das normas e princípios de Direito Público, com ou sem a participação direta da Administração Pública.

§1º O uso de recursos públicos por entidade privada atrai o regime jurídico-administrativo não só para suas relações com o cidadão destinatário, mas, também, ao menos parcialmente para fornecedores e empregados da entidade privada.

§2º O privado que realizar prestação de política pública terá sua relação jurídica com o destinatário regido pelo Direito Público.

Seção II – Dos Sujeitos da Relação Administrativa

Art. 88. São sujeitos da relação jurídico-administrativa:

I – o cidadão destinatário das políticas públicas, tomado individual ou coletivamente;

II – a Administração Pública, entendida como a estrutura administrativa Direta ou Indireta pública empregada nas políticas públicas;

III – os agentes públicos;

IV – os delegados, fomentados, regulados e fornecedores da Administração Pública;

V – os fornecedores e agentes das entidades mencionadas no inciso anterior.

Art. 89. Amolda-se ao conceito de cidadão, naquilo que for compatível, a pessoa jurídica privada ou ente privado despersonalizado.

Art. 90. No caso dos serviços públicos, econômicos e sociais, o cidadão destinatário das políticas públicas será regido em relações com a Administração Pública e terceiros também pelas normas de Defesa do Consumidor.

Seção III – Dos Direitos do Cidadão Destinatário das Políticas Públicas

Art. 91. O cidadão ao mesmo tempo participará da formulação, implementação e avaliação das políticas públicas e será destinatário das prestações dessa, nos termos deste Código e da Legislação Administrativa.

Parágrafo único. A condição ou o uso da terminologia administrado ou usuário, mesmo que em processos sancionatórios, não retira a sua condição de cidadania.

Art. 92. São direitos do cidadão destinatário das políticas públicas, os quais podem ser entendidos e tutelados de forma individual ou coletiva:

I – o bom governo, o que implica objetividade, transparência, eficiência e responsabilidade social e ambiental, inclusive com relação a prestações de políticas públicas oferecidas total ou parcialmente por privados;

II – a participação mais ampla possível, dentro das formas estabelecidas por legislação autônoma;

III – a igualdade, continuidade, habitualidade, generalidade e universalidade das prestações de políticas públicas;

IV – a não discriminação de qualquer espécie, incluindo orientação sexual, expressão de gênero, raça, etnia, religião ou quaisquer outros indicadores, inclusive com relação a prestações de políticas públicas oferecidas total ou parcialmente por privados;

V – a acessibilidade, inclusive nos portais, plataformas e prédios públicos, conforme as normas técnicas aceitas internacionalmente;

VI – o atendimento por ordem de chegada ou por requerimento em plataforma de governo digital, ressalvadas as prioridades estabelecidas em lei;

VII – a concentração dos atendimentos e serviços em única plataforma, a unificação de credenciais de acesso, o uso suficiente do Cadastro de Pessoa Física ou outro documento unificado como identificação e a simplificação de assinaturas e autenticação de documentos, os quais, salvo exigência de risco público, deverão ser no menor grau hierárquico de restrição possível, sendo que, no caso de documentos físicos, bastará a autenticação por procurador ou pela conferência com o original realizado por agente público;

VIII – a vedação da recusa a documento dotado de fé pública, seja físico ou digital;

IX – a saúde, a segurança, a urbanidade e a ética nos ambientes e prestações da política pública;

X – a vedação de nova prova sobre fato já comprovado documentalmente;

XI – a fácil obtenção, em plataforma de governo digital unificada, da lista de serviços públicos, do acesso a formas e procedimentos dos instrumentos de políticas públicas, os passos, prazos e custos do processo, o conhecimento de processos de interesse público e dos quais o cidadão faça parte, assim como de órgão e servidor que seja responsável pelas tarefas do processo, em tempo real;

XII – a melhor prestação média de políticas públicas conforme o estado atual da ciência e os parâmetros intersubjetivamente verificáveis, inclusive por profissional com formação específica na área;

XII – a facilitação, via plataforma digital, das formas de cumprimento das obrigações, inclusive pecuniárias;

XIV – a comunicação prévia de suspensão de serviço público, econômico e de utilidade geral, a qual não poderá ocorrer em dia anterior a feriado, ou em sexta-feira;

XV – os mecanismos de consulta unificados de processos de seu interesse e de interesse público;

XVI – o cumprimento de prazos e de normas de processo;

XVII – ter ciência dos processos administrativos de seu interesse, podendo formular defesa, alegações finais e pelo menos um grau hierárquico de recurso, sendo a notificação enviada para plataforma digital ou mediante meio pessoal;

XVIII – a apreciação substancial de suas alegações, às quais deverão ser contrapostos argumentos claros e congruentes do órgão ou agente público;

XIX – a não existência de prazo menor do que três dias, em processos de seu interesse, sendo vedado, de forma absoluta, que o final do prazo ocorra em dia feriado ou final de semana, salvo processo especial em que seja justificado prazo menor, mantendo-se a impossibilidade do dia final do prazo em feriado em final de semana;

XX – a vedação de interpretação retroativa em processos de seu interesse, salvo no que toca a poderes de fiscalização;

XXI – a proteção da privacidade e da intimidade no meio digital e físico;

XXII – a inviolabilidade do sigilo de suas comunicações e de seus dados para com a Administração Pública;

XXIII – a não entrega de dados pessoais a terceiros particulares e a garantia de políticas de integridade na troca de dados entre os entes federativos;

XXIV- o consentimento para o uso de dados, salvo hipóteses previstas em lei ou legislação autônoma;

XXV – a autodeterminação informativa;

XXVI – a prestação física, quando a prestação exclusivamente digital de serviço for notoriamente dificultosa ao cidadão por circunstâncias técnicas, de acessibilidade, ocasionais ou de custo;

XXVII – o auxílio técnico e a disponibilização de equipamentos para o exercício de direitos e recebimentos de prestações de políticas públicas pela forma digital;

XXVIII – o acesso à informação contida em documentos e bases de dados públicos, seja de interesse pessoal, seja de interesse público, ou ainda para interesse legítimo, mesmo que em face de terceiros, desde que, neste último caso, mediante requerimento judicial;

XXIX – a informação primária, íntegra, autêntica, atualizada e verdadeira, seja na forma bruta, seja em extrato produzido em linguagem técnica e culta ou acessível e simplificada;

XXX – a transparência ativa, mediante o oferecimento de informações relacionadas a processos públicos de planejamento e execução de políticas públicas, assim como de gestão de recursos e bens públicos, inclusive aqueles sob administração de entidades privadas;

XXXI – as informações em tempo real, de preferência mediante integração da plataforma de transparência com as plataformas de processos ordinatórios, orçamentários, licenciadores, controladores, sancionatórios, competitivos, entre outros;

XXXII – a interoperabilidade, inclusive com entidades da sociedade civil, para fins de participação e controle;

XXXIII – a resposta a requerimento de informação, a ser entregue no prazo legal ou regulamentar;

XXXIV – a explicabilidade dos algoritmos usados pela Administração em geral, inclusive aqueles de inteligência artificial, mediante linguagem acessível, das lógicas de programação dos atos automatizados e do seu nível de automação;[2]

XXXV – o uso de sistemas, padrões e formatos de acesso livre e gratuito;

XXXVI – a adaptação do serviço às populações vulneráveis ou tradicionais;

XXXVII – o recebimento de campanhas de esclarecimento seja no que toca ao uso dos serviços e demais instrumentos de políticas públicas, seja com relação ao conteúdo destas;

---

[2] Inspirado no Projeto de Lei nº 2.338/2023, de autoria do Senador Rodrigo Pacheco.

XXXVIII – a melhor prestação média das políticas públicas, sendo possíveis prestações individualizadas nos termos de lei ou legislação autônoma;

XXXIX – a igualdade, objetividade e impessoalidade nas compras realizadas por privados com recursos públicos, inclusive com obrigatoriedade de procedimento de compra com vistas à melhor proposta, nos termos de legislação autônoma ou acordo administrativo, no caso de serviços sociais;

XL – a igualdade, objetividade e seleção pública nos empregos e subcontratações levadas a efeito com recursos públicos, no caso de serviços sociais.

§1º Os direitos previstos neste artigo estendem-se às pessoas jurídicas privadas.

§2º Todos os direitos presentes neste artigo serão obrigação de entidade privada que realize a gestão de interesse ou recursos públicos, ou realizem prestações de políticas públicas.

§3º Poderão existir serviços totalmente digitais, sendo que razões de custo de implementação de serviços físicos poderão ser motivos o bastante para sua escolha.

§4º Ainda que formulador ou administrador da plataforma seja entidade privada, existirá obrigação de interoperabilidade.

Seção IV – Dos Direitos da Administração Pública

Art. 93. Em uma relação administrativa, a Administração Pública terá direito a exercer suas competências na forma prevista em lei, o que implica exercício de poderes administrativos, uso dos instrumentos de Direito Administrativo, interpretação e apreciação da constitucionalidade de leis, regulamentos e demais atos, e à verificação de fatos, além do exercício de sua autonomia de gestão sobre serviços, pessoal e bens.

Art. 94. São também direitos da Administração Pública e de seus agentes ante a comunidade em geral:

I – o bom nome e a reputação, cabendo dano moral em caso de inverdade que transcenda o direito de crítica;

II – a colaboração dos destinatários na construção da verdade processual e na execução dos serviços;

III – a preservação, ante os destinatários, dos bens e serviços postos à disposição da população;

IV – o tratamento com urbanidade e boa-fé aos agentes públicos;

V – a entrega de informações e documentos;
VI – o cumprimento das normas legais e regulamentares.

Seção V – Do Domicílio Administrativo

Art. 95. Será considerado domicílio de ente da Administração Pública o local de sua sede ou edifício administrativo.

Art. 96. No caso de plataforma de governo eletrônico, mantém-se a regra de domicílio da Administração, podendo a legislação considerar realizado o ato como praticado no lugar do elemento local de plataforma de governo ou domicílio do destinatário.

Art. 97. Salvo legislação em sentido diverso, a obrigação será cumprida no local onde foi realizado o ato digital.

Art. 98. Será considerado domicílio do destinatário de prestação de governo digital o local no qual o usuário tenha acessado e tenha dado aceite para o recebimento de notificações em elemento local de governo digital, ou seu domicílio físico.

Parágrafo único. Será considerada suficiente a notificação ou intimação realizada em plataforma digital, inclusive quando não visualizada, desde que meio técnico assevere o recebimento da notificação ou intimação pelo elemento local.

Seção VI – Da Plataforma de Governo Digital

Art. 99. Considera-se plataforma de governo digital o conjunto integrado de processos e tecnologias, que, de forma visual, auditiva ou tátil, compõe ambiente virtual e analógico, realizando tarefas nos meios digitais, cumprindo prestações de políticas públicas e atividades ordinatórias de gestão pública.

Art. 100. Considera-se elemento local da plataforma de governo digital os mecanismos de acesso pelos quais o particular conecta-se à plataforma.

Parágrafo único. O uso da plataforma de governo digital é regido pelo Direito Público e gera obrigação tanto para a Administração Pública como para o cidadão destinatário da política pública, sendo dotado de boa-fé pública em qualquer hipótese.

Art. 101. As plataformas de governo digital, mesmo que unificadas, terão múltiplas portas de acesso.

Parágrafo único. Caso não seja possível a unificação em um único portal ou aplicativo, estes conterão meios de esclarecimento e remissão de uns aos outros, visando a facilitar o entendimento e acesso.

Art. 102. Considera-se elemento de plataforma de governo digital e porta de acesso os diferentes portais da Administração Pública, os quais deverão disponibilizar formas de acesso recíproco.

Art. 103. Mesmo que não exista intervenção humana direta na plataforma, considera-se que a decisão na plataforma é um ato administrativo e, como tal será regido, com imposição de obrigações e responsabilidades para ambas as partes.

Art. 104. A decisão levada a efeito na plataforma de governo digital será ligada a órgão ou unidade administrativa, ordinário ou específico, com competências para a prestação do serviço, com o respectivo número de identificação, salvo indicação expressa de outra ligação com unidade administrativa em legislação autônoma da Administração.

Art. 105. A Administração Pública disciplinará as diversas formas de segurança de assinatura digital e de chaves de acesso, priorizando, sempre, a facilitação de acesso à plataforma, que será intercambiável e com o uso do Cadastro Nacional de Pessoas Físicas ou outro documento unificado.

Parágrafo único. Os entes federativos poderão utilizar os sistemas de chaves de acessos de outros federativos, de forma a simplificar a interoperabilidade.

Capítulo VI – Das Políticas Públicas

Seção I – Das Normas Gerais

Art. 106. Política pública é o conjunto de programas que, mediante planejamento e uso de instrumentos de Direito Administrativo, visa direta ou indiretamente à realização de direitos fundamentais.[3]

§1º A política pública será regida e funcionará pelas normas deste Código, pelas demais normas de Direito Administrativo e demais ramos do Direito Público.

§2º O preenchimento dos objetivos das políticas dar-se-á por meio da conjugação dos instrumentos administrativos presentes neste

---

[3] BITENCOURT, Caroline Mûlller; RECK, Janriê. *O Brasil em crise e a resposta das políticas públicas*: diagnósticos, diretrizes e propostas. Curitiba: Íthala, 2021.

Código e em modelo de organização envolvendo direta ou indiretamente entes públicos.

§3º Consideram-se:

I – prestação da política pública o bem, serviço ou utilidade prática oferecida individual ou coletivamente, mesmo que sancionatória, limitativa ou regulatória, advinda da atividade regular dos diferentes instrumentos de políticas públicas;

II – resultado da política pública a alteração de indicador relevante em relação aos objetivos postos pela política pública;

IV – programa da política pública, o conjunto de ações que visam a obter resultados de políticas públicas;

V – entrega de política pública, entendido como o bem ou serviço acabado a ser fruído pela população;

VI – instrumento de política pública, os mecanismos administrativos postos à disposição do formulador para a realização das políticas públicas, como os serviços públicos, o poder de polícia, a gestão de bens públicos e o fomento, entre outros instrumentos;

VII – objetivos das políticas públicas, que podem ser gerais ou específicos, visando à realização de direito fundamental;

VIII – metas, consistindo em indicadores desejados;

IX – estratégias, como planos de ação, visando à realização de uma meta;

X – ações, entendidas como as decisões isoladas da Administração em realização das políticas;

XI – modelo organizacional, entendido como o conjunto de órgãos e unidades envolvidos com a formulação e implementação da política pública, inclusive sob a forma de sistema de órgãos.

XII – modelo decisório, sendo o conjunto de programas e instrumentos de Direito Administrativo voltado à realização dos objetivos de políticas públicas.

Art. 107. A política pública rege-se pelos princípios da regularidade, continuidade, generalidade e modicidade ou gratuidade, além dos demais princípios de Direito Público.

Seção II – Da Participação Social nas Políticas Públicas

Art. 108. Existirá participação social em todas as fases e programas das políticas públicas.

Art. 109. Nos termos do regulamento, a Administração poderá se valer de diversos instrumentos de participação, tais como conselhos, consultas e audiências públicas, conferências periódicas, assim como ouvidorias.

Art. 110. A participação existirá na formulação da política pública como um todo, para a elaboração de programas, sua implantação, revisão, para a elaboração de planos e estudos e finalmente para a avaliação das políticas públicas.

Art. 111. A ouvidoria constituirá unidade de órgão de controle ou de órgão de execução, e poderá ter por titular privado em cooperação ou agente público, desde que, no caso dos órgãos de execução, exista segregação de funções.

Art. 112. A participação ocorrerá minimamente nas seguintes oportunidades, entre outras:

I – criação de normas que implicam organização, planejamento e formulação das políticas públicas;

II – elaboração dos planos de políticas públicas e dos estudos de políticas públicas;

III – definição, monitoramento e aconselhamento das normas e ações administrativas que visem à implementação das políticas públicas;

IV – definição de critérios e aferição dos resultados das políticas públicas;

V – melhoria dos próprios institutos de participação;

VI – demarcação de parâmetros de qualidade e a eficiência das prestações das políticas públicas.

Art. 113. Os conselhos de participação social serão considerados unidades administrativas e serão criados e extintos por lei ou legislação autônoma, podendo ter competências normativas, decisórias, consultivas, controladoras, monitórias e avaliativas.

Art. 114. A Administração Pública deverá criar grupos de trabalho com universidades públicas ou privadas e institutos de pesquisa para debater o aperfeiçoamento das políticas públicas e do funcionamento da Administração Pública em geral.

Art. 115. As consultas públicas poderão ocorrer de forma presencial ou digital, sendo dado pelo menos um mês de deliberação após a apresentação da pauta.

Parágrafo único. Os espaços digitais de consultas públicas deverão preferencialmente conter ambientes para debate, os quais deverão ser moderados contra manifestações discriminatórias e inconstitucionais e poderão ser tratados com inteligência artificial, sendo as sugestões encaminhadas ao órgão deliberativo competente.

Art. 116. Os órgãos de planejamento e execução de políticas públicas deverão promover conferências periódicas para fins de aprimoramento das políticas públicas, inclusive revisão legislativa, sendo a periodicidade máxima de dez anos.

Art. 117. A Administração do ente federativo centralizará em sua plataforma de governo digital a publicidade e a execução da participação das diferentes políticas públicas, de forma a evitar a fragmentação.

Art. 118. Os entes federativos poderão utilizar mecanismos de participação de outros entes federativos ou entidades da Administração Indireta.

Art. 119. Em caso de instrumento de participação consultivo, a Administração deverá motivar a não observação do resultado da consulta.

Art. 120. Os entes federativos poderão formar convênios de modo a centralizar plataformas de pedidos de transparência e de reclamação, mediante mecanismos de interoperabilidade.

Seção III – Da Formulação de Políticas Públicas

Subseção I – Das Normas Gerais

Art. 121. Lei do ente federativo poderá instituir ou organizar, de forma parcial ou total, a política pública, prevendo:[4]

I – os objetivos específicos da política pública;

II – o modelo organizacional e decisório empregado;

III – os instrumentos administrativos a serem utilizados, com sua disciplina total ou parcial;

IV – as definições essenciais para o entendimento da política pública;

V – o formato e procedimentos de planejamento;

VI – os critérios de aferição dos resultados e formas de avaliação;

VII – o eventual regime de parcerias e delegações;

VIII – as diretrizes de financiamento.

---

[4] RECK, Janriê Rodrigues. *O direito das políticas públicas*: regime jurídico, agendamento, implementação, avaliação, judicialização e critérios de justiça. Belo Horizonte: Fórum, 2023.

§1º A matéria presente neste artigo não é estritamente de reserva legal, salvo quando o exigir a disciplina do instituto de Direito Administrativo específico;

§2º Mesmo que exista lei instituindo política pública, o decreto poderá pormenorizá-la.

§3º Os elementos presentes neste artigo deverão ser extraídos em formato acessível para a comunidade.

§4º Os programas de políticas públicas poderão ser instituídos por lei ou legislação autônoma e conectarão suas finalidades com a lei ou legislação autônoma organizadora da política pública.

Art. 122. As políticas públicas serão organizadas, preferencialmente, por meio do corte dos direitos fundamentais, alinhando-se ao conteúdo destes.

Art. 123. As políticas públicas poderão constituir-se em objeto especializado de determinado sistema de órgãos ou instrumentos, ou, ainda, serem interseccionais, realizando-se objetivos a partir da conjugação de instrumentos de diversas políticas públicas diferentes.

Art. 124. Por modelo organizacional, entenda-se a estrutura orgânica, sob a forma de Administração Direta ou Indireta, que será empregada para a realização da política pública, incluindo suas delegações e parcerias, devendo, preferencialmente, cada política pública contar com um ministério, secretaria e órgãos de execução.

Art. 125. Para a realização de direitos fundamentais, deverá ser conjugada a organização de órgãos de gestão, planejamento e execução, orientados à consecução de objetivos específicos.

Art. 126. O modelo organizacional pode ser estruturado na forma de sistema nacional, regional ou local, ou ainda por sistema setorizado, ou interseccional, por meio do cruzamento de órgãos e entidades empregados em outras políticas públicas.

Art. 127. As políticas públicas são decompostas em programas, e estes programas terão um ciclo de criação, implementação e avaliação constante, os quais podem ser totalmente substituídos ou, preferencialmente, incrementados.

Art. 128. Os programas serão instituídos por lei ou por legislação autônoma da Administração Pública, e conterão:

I – objeto do programa;

II – finalidade do programa em conjunção com o plano de políticas públicas;

III – objetivos e metas específicos do programa, com indicadores de diagnóstico e de resultado, e sua interação com objetivos específicos da política pública;

IV – estratégias de ação;

IV – ações a serem realizadas no contexto do programa;

V – órgãos, unidades e equipes realizadores.

Art. 129. Os objetivos específicos das políticas públicas e dos programas devem, se possível, ser desdobrados em metas, pretendendo-se que o alcance de uma ou mais metas atinjam o resultado específico e, com isso, o resultado de efetivação do direito fundamental.

Art. 130. As metas serão expressas em indicadores de diagnóstico, para fins de produção de prognósticos, e de resultado, de modo a se mensurar a sua eficácia, de preferência de forma quantitativa, mas não exclusiva.

Art. 131. A interrupção de programa, principalmente aqueles que gerarem resultados consagrados, serão objeto de motivação específica e de processo controlador.

Art. 132. Mesmo em caso de competências exclusivas, os entes federativos estabelecerão relações de cooperação, visando à articulação das políticas públicas, sempre por meio de decisões coordenadas ou convênios administrativos.

Art. 133. Quando a Constituição estabelecer competências comuns, entende-se que todos os entes federativos poderão realizar a competência para formular e implementar políticas públicas de forma simultânea e cooperativa, salvo disposição legal em sentido diverso.

Art. 134. Admitir-se-á a sobreposição de políticas públicas de diferentes entes federativos, devendo, em caso de conflito, a situação ser resolvida em convênio, decisão coordenada ou em câmara de conciliação administrativa.

Art. 135. A formulação dos programas e políticas pode ser objeto de crítica a ser realizada por entidade da sociedade civil, a que se dará justificativa da escolha do desenho escolhido.

Subseção II – Do Planejamento de Políticas Públicas

Art. 136. O planejamento é componente essencial da formulação da política pública e da atividade administrativa e integrará as dimensões organizacionais, estratégicas, operacionais e orçamentárias, tanto em nível amplo, como intermediário e restrito, e ocorrerá de forma prévia e concomitante à formulação e implementação das políticas e programas, ou, ainda, em articulação com resultados da avaliação.

Art. 137. O planejamento da política pública é orientado à realização de direitos fundamentais, e tem por conteúdo:

I – o planejamento estratégico;

III – o planejamento operacional;

III – o planejamento orçamentário.

Art. 138. O planejamento estratégico das políticas públicas abrangerá, do mais geral ao particular:

I – a formação de planos nacionais, regionais e municipais, os quais estabelecerão os objetivos e metas das políticas públicas;

II – a indicação ou criação de programas voltadas à realização das metas;

III – os projetos, que são unidades de atuação pontuais voltados à efetivação dos programas;

IV – a entrega de produtos, que são os resultados dos projetos;

V – o resultado, com a efetiva mudança do indicador desejado.

Parágrafo único. Caso a decisão administrativa não comporte um projeto, ela será classificada como atividade especial ou simplesmente decisão isolada.

Art. 139. A forma do planejamento dar-se-á, no caso dos planos, por leis ou legislação autônoma da Administração e, nos demais casos, em legislação autônoma geral ou específica e estabelecerá, tanto quantos forem possíveis, objetivos específicos, que, por sua vez, serão divididos em metas, sendo os objetivos específicos e as metas capazes de, em conjunto, realizarem o objetivo geral da política pública, além de estratégias de ação.

Parágrafo único. Os planos, programas e projetos possuem forma jurídica, sendo que a Administração Pública envidará esforços para elaborar, em linguagem acessível, as suas ações em políticas públicas, em formatos abertos e fácil entendimento a que se darão ampla publicidade, incluindo redes sociais.

Art. 140. O planejamento pode ser anterior ou posterior à lei instituidora e continuará, como atividade permanente da atividade administrativa, mesmo nas fases de implantação de programas.

Art. 141. A política pública poderá ser planejada por inteiro ou por programa, de forma inaugural ou incremental.

Art. 142. A política pública realiza seus objetivos e seus indicadores por meio da atuação consciente, planejada e científica dos seus instrumentos descritos neste Código.

Art. 143. O processo de planejamento das políticas pode se dar perante o Poder Legislativo, Executivo, ou em um conjunto, e será baseado em evidências científicas consagradas tanto na literatura nacional como internacional.

Art. 144. A Administração Pública, por meio de seus institutos de pesquisa ou mediante convênio com instituições públicas e privadas, nacionais e internacionais de pesquisa e ensino, formulará documentos, que terão caráter público e serão regidos pelo Direito Administrativo, com os seguintes conteúdos:

I – cenários, interpretados como a formação de grandes quadros de entendimento para a resolução dos objetivos das políticas públicas;

II – diagnósticos, entendidos como a descrição de fatos e de relação de causa e efeitos de determinados fenômenos;

II – projeções, compreendidas como a reprodução futura de determinadas causas e efeitos atuais;

III – prognósticos, abarcados como o raciocínio científico consagrado, mediante o qual, diante de causas eficientes, espera-se o alcance de determinados resultados;

IV – especulações, entendidas como a intuição criativa da geração de determinados resultados de políticas públicas.

§1º Os documentos subsidiarão os processos de elaboração de políticas públicas e seus programas, assim como o seu incremento, em momentos anteriores ou posteriores à sua instituição.

§2º Os elementos de reflexão acima poderão ser questionados perante a Administração Pública, mediante argumentação produzida por entidades da sociedade civil, nos termos de legislação autônoma.

Art. 145. A eficiência da política pública será considerada mediante o contraste entre indicadores de diagnóstico e indicadores de resultado, medidos em espaços de tempo estabelecidos pela lei e legislação autônoma.

Art. 146. Entende-se como dimensão natural das políticas públicas a experimentação, de modo que não necessariamente a eficácia negativa da política implica seu fracasso.

Art. 147. Admite-se a existência de programas de políticas públicas simbólicos, que não geram resultados imediatamente observáveis.

Art. 148. Considerações de escala serão levadas em conta no planejamento das políticas públicas, mesmo que, individualmente, o resultado não obtenha sua potencialidade máxima.

Art. 149. As prestações das políticas públicas deverão ser planejadas de modo a atingir limiar acima da média de qualidade, mas não a máxima, a não ser que questões de custo sejam irrelevantes ou pouco importantes, quando será buscada a máxima qualidade conforme o estado da técnica.

Parágrafo único. Fará parte do planejamento o detalhamento da qualidade, quantidade e extensão das prestações de políticas públicas.

Art. 150. O planejamento operacional das políticas públicas abrangerá o provimento de recursos de bens e pessoal necessários para a implementação suficiente das políticas públicas.

Art. 151. A Administração fará estudos sobre a quantidade de bens físicos e de pessoal necessária à implementação dos programas de políticas públicas.

Art. 152. A cada início de exercício financeiro, o Poder Executivo revisará o planejamento operacional, entendido como a disponibilidade de infraestrutura e de pessoal, de modo a estabelecer plano de contratação de agentes públicos, de aquisição, construção, manutenção ou aluguel dos bens necessários e principalmente para os insumos necessários à implementação da política pública.

Art. 153. Os órgãos e equipes farão o cotejamento entre o planejamento operacional, estratégico e orçamentário para que os recursos necessários à implementação de políticas públicas estejam previstos em orçamento, inclusive mediante decisões coordenadas.

Art. 154. O plano de contratação para a implementação da política pública poderá ser objeto de controle prévio pelos órgãos de controle da Administração Pública, tais como o Ministério Público e o Tribunal de Contas, inclusive no que toca à suficiência do orçamento para a implementação da política pública.

Art. 155. O planejamento orçamentário dar-se-á na forma da legislação financeira e estará articulado com o planejamento estratégico e operacional.

Art. 156. Os macrodados a serem utilizados no planejamento das políticas públicas poderão advir de órgãos oficiais de estatísticas, por meio de requerimento a privados ou obtidos mediante processo de desapropriação.

Parágrafo único. Equipe da Administração Pública fará o levantamento dos macrodados necessários à formação dos programas existentes em bases públicas e bases privadas, prezando pela cooperação e interoperabilidade.

Subseção III – Do Estudo de Políticas Públicas

Art. 157. O estudo de políticas públicas consistirá em etapa necessária à formulação e incremento de políticas públicas e seus programas e terá o seguinte conteúdo mínimo:

I – elaboração de cenários, diagnósticos, projeções, prognósticos e, em casos de situações inovadoras, especulações;

II – levantamento dos instrumentos de órgãos, pessoal e recursos disponíveis, ou a necessidade de sua criação;

III – o quantitativo e a qualidade dos atos normativos necessários à operacionalização das políticas públicas;

IV – a provisão de planejamento estratégico, operacional e orçamentário para a realização da política pública;

V – os objetivos e as metas das políticas públicas e de seus programas;

VI – os indicadores de diagnóstico e de resultados a serem alcançados;

VII – os instrumentos de Direito Administrativo que serão utilizados para a realização das metas, com a sua justificação, inclusive com a projeção de resultado esperado, conforme padrões científicos;

VIII – os possíveis resultados da interação entre os instrumentos de Direito Administrativo e suas repercussões na sociedade;

IX – os graus de risco das ações de políticas públicas, conforme adiante estipulado;

X – os possíveis riscos do uso dos instrumentos administrativos de políticas públicas;

XI – as formas e a periodicidade de revisão dos estudos de políticas públicas;

XII – as possíveis estratégias para o alcance das metas;

XIII – observações que reconheçam ser os problemas sociais multifatoriais, cujos efeitos se somam e se anulam, e que devem ser observados e estudados em uma perspectiva complexa;

XIV – as formas de avaliação anterior, concomitante e posterior de avaliação da política pública e seus programas;

§1º O estudo poderá ser realizado no Poder Legislativo, no Poder Executivo, mediante decisão coordenada, ou ainda diante de orientações gerais do Legislativo com pormenorização pelo Poder Executivo.

§2º O estudo terá a forma de ato administrativo ou ato legislativo, mas dele será extraída minuta de leitura simplificada, para fins de comunicação dentro da Administração Pública e para com a população.

§3º Muito embora soluções disruptivas sejam estimuladas, dar-se-á preferência para a inovação incremental.

Art. 158. Fará parte do estudo de políticas públicas não só o efeito isolado dos instrumentos de Direito Administrativo, mas também sua interação entre si.

Art. 159. O estudo de políticas públicas avaliará o grau de risco das ações das políticas públicas, propondo as medidas mitigatórias correspondentes.

Art. 160. Em caso de políticas públicas nacionais, os entes subnacionais poderão aderir aos estudos de políticas públicas nacionais.

Art. 161. Fará parte do estudo de políticas públicas o quadro básico referência em políticas públicas, composto pelo desenho institucional, base normativa, nome dos programas, público-alvo, mecanismos de articulação entre órgãos públicos e sociedade civil, estratégias de implantação e possíveis elementos críticos de implementação, dando preferência ao corte por programas.[5]

Art. 162. O estudo de impacto regulatório de serviços públicos, de setor econômico, e de poder de polícia poderá ser dispensado, se inserido dentro de estudo de políticas públicas ou, caso exista, deverá necessariamente compatibilizar-se com os objetivos deste.

Subseção IV – Dos Graus de Risco para as Atividades Públicas e Privadas

Art. 163. Tanto as atividades públicas como as atividades privadas serão classificadas em graus de risco para fins de estabelecimento de regime jurídico.

---

[5] BUCCI, Maria Paula Dallari. Quadro de referência de uma política pública: primeiras linhas de uma visão jurídico-institucional. *Direito do Estado*, ano 2016, n. 122. Disponível em: https://www.direitodoestado.com.br/colunistas/maria-paula-dallari-bucci/quadro-de-referencia-de-uma-politica-publica-primeiras-linhas-de-uma-visao-juridico-institucional. Acesso em: 25 fev. 2025.

Art. 164. Os graus de riscos desta subseção aplicam-se às normas regulatórias, ao fomento, às concessões de serviços e bens e à prestação serviços públicos exclusivos, privativos, sociais, de utilidade geral e subsidiariamente ao poder de polícia.

Art. 165. Os instrumentos administrativos, os programas e os projetos serão classificados conforme seus riscos.

Art. 166. O risco é calculado tendo em conta a possibilidade de evento indesejável ocorrer, combinado com o grau de severidade do prejuízo que o evento irá causar, diante de causas prováveis, incertas e combináveis, os benefícios a serem atingidos e considerando-se a possibilidade da mitigação de eventuais efeitos danosos por medidas administrativas.

Art. 167. Os fatores de risco, sua identificação, avaliação, interação, causalidade e as medidas de mitigação e tratamento estarão descritos nos níveis dos planos, programas e projetos.

Art. 168. Os graus de risco permitem as seguintes medidas administrativas:

I – risco baixo: com atividade simples e vinculada, mediante apresentação de documentos ou testes de habilidade, monitoramento periódico pelas autoridades públicas e pela população e eventual imposição de regras regulatórias, cautelares e sanções;

II – risco médio: atividade condicionada e vinculada à apresentação de documentos, testes de habilidade, visitação *in situ* e inspeção de bens, e, nos termos de legislação autônoma, de estudo específico sobre o risco sobre a atividade ou bem posto em circulação, podendo ser exigidas contrapartidas tecnológicas, sociais e ambientais, e sofrendo a incidência de normas regulatórias, inclusive com a imposição de medidas cautelares e sanções.

III – risco alto, sendo a atividade administrativa condicionada e vinculada, podendo ser negada, impedida ou interrompida em caso de não cumprimento de normas de segurança ou existência de risco relevante permanente ou temporário, sendo exigido, nos termos de regulamentação específica, estudo específico sobre o risco da atividade, também podendo ser exigidas contrapartidas tecnológicas, sociais e ambientais e, sofrendo a incidência de normas regulatórias, contendo medidas cautelares e sanções, inclusive sob a forma de interrupção da atividade por precaução.

Art. 169. Os riscos relevantes são aqueles voltados à economia, à segurança dos bens, produtos, serviços e ao consumidor, à segurança jurídica, ao bem-estar das populações vulneráveis, à saúde e à educação públicas, ao orçamento público, à honestidade popular, à moralidade administrativa, à incolumidade dos bens públicos e dos dados públicos e privados e à proteção ambiental, entre outros estabelecidos no estudo de políticas públicas.

Art. 170. O enquadramento do risco será atribuído pela unidade ou setor competente, em articulação com a equipe elaboradora do plano de políticas públicas, cabendo recurso para o agente, unidade ou órgão superior, sendo que, na dúvida, a atividade deverá ser reenquadrada ao grau de risco maior.

Art. 171. O enquadramento servirá para subsídio na elaboração de planos de políticas públicas, seus estudos e na formulação de projetos de leis, regulamentos e legislação autônoma.

Art. 172. A classificação dos riscos será utilizada também para, entre outros:

I – dar celeridade a programas de baixo risco;

II – aumentar o rigor dos critérios de licenciamento das atividades de médio e alto risco;

III – programar os intervalos de avaliação;

IV – permitir licenciamentos por certificação;

V – dar uso às medidas cautelares;

VI – alocar atenção, pessoal, recursos e carga horária de agentes públicos, a depender do risco da atividade;

VII – realizar auditorias e sua frequência;

VIII – intensificar contrapartidas;

IX – observar rigorosamente as formalidades nas atividades de alto risco;

X – apreciar rigidamente as nulidades em situações de alto risco;

XI – utilizar-se do fomento ou rigor das autorizações de serviço em atividades de baixo risco;

XII – utilizar-se da convalidação em atividades de baixo risco;

XIII – estimular uso de processos simplificados, sem vistos ou homologações de superiores hierárquicos nas atividades de baixo risco;

XIV – negativar licenças e autorizações;

XV – classificar bens privados em bens de utilidade pública;

XVI – repactuar, revisar ou reajustar acordos públicos;

XVII – detalhar regulações.

Art. 173. Poderão existir níveis diferentes de risco dentro de políticas públicas, seus instrumentos e seus programas e projetos, ao que será dado publicidade de tudo, em tempo real, nas plataformas de governo digital.

Art. 174. As entidades representativas da sociedade civil poderão apontar omissões na identificação e avaliação dos riscos, o que será objeto de consideração e motivação pela autoridade competente, nos termos de legislação autônoma.

Art. 175. A matriz de risco será revisada conjuntamente com os planos de políticas públicas.

Art. 176. A matriz de risco e sua classificação será elaborada com base em evidências científicas, podendo ser objeto de sindicabilidade judicial ou auditoria interna ou externa.

Art. 177. A avaliação dos riscos será elaborada, preferencialmente, mediante múltiplas metodologias e levará em conta a experiência pregressa dos agentes públicos e a história institucional.

Art. 178. O estudo de políticas públicas e o levantamento de riscos consubstanciam-se em atos administrativos e adotarão a forma de redação jurídica.

Parágrafo único. Dos referidos documentos serão extraídos boletins, infográficos, imagens estáticas ou vídeos, entrevistas e demais formas de comunicação simplificada, os quais serão disponibilizados nas plataformas de governo digital e nas redes sociais oficiais e, ainda, serão objeto de campanha nos meios tradicionais de informação.

Seção IV – Da Implementação das Políticas Públicas

Art. 179. A implementação das políticas públicas implica a disponibilidade de:

I – pessoal capacitado;
II – sistemas informáticos, com plataformas de governo digital;
III – bens móveis e imóveis e sua manutenção;
IV – prestações a serem ofertadas à população;
V – disponibilização orçamentária;
VI – processos administrativos instituídos e em rotina;
VII – órgãos e unidades criadas e lotadas;
VIII – meios de trabalho para os agentes públicos;
IX – efetiva deflagração dos processos administrativos voltados à realização das ações em políticas públicas.

Art. 180. Cumpre à Administração da União, dos Estados-Membros, Municípios e Distrito Federal zelar pela viabilização das condições para a implementação das políticas públicas, inclusive com a participação dos órgãos de controle interno e externo, Ministério Público e Defensoria Pública.

Art. 181. Os planos e estudos de políticas públicas necessariamente estarão articulados com o plano plurianual, com a lei de diretrizes orçamentárias e com a lei orçamentaria anual, estando obrigadas as equipes técnicas das respectivas pastas a realizarem reuniões ou articulações para este fim.

Art. 182. As leis orçamentárias deverão contar com capítulos específicos para a implementação de cada política pública, com desdobramento para os programas e eventualmente projetos.

Art. 183. Deverá ser dada prioridade para a disponibilização de recursos para a manutenção das políticas públicas ou programas já instituídos.

Art. 184. A implementação das políticas públicas comporá capítulo tanto do plano de políticas públicas como do estudo de políticas públicas.

Art. 185. As emendas parlamentares individuais, de comissão ou bancada poderão ser direcionadas ao financiamento geral das políticas públicas ou de seus programas, das condições de implementação e funcionamento das políticas públicas ou, ainda, direcionadas a Ministério ou à Secretaria, para o funcionamento de suas condições materiais.

Art. 186. Além das condições materiais acima descritas para a implementação das políticas públicas, os administradores deverão desenvolver capacidades institucionais de intervenção na realidade social, visando à produção dos resultados desejados.

Art. 187. A viabilização das condições de implementação das políticas públicas poderá ser objeto de contínua monitoria por parte da sociedade civil, mediante a criação de canais de participação.

Art. 188. A sociedade civil poderá realizar procedimento de manifestação por esclarecimento perante a Administração Pública, quando da constatação da insuficiência de provimento de recursos para a implementação das políticas públicas, devendo, em caso de insuficiência de recursos, a questão ser encaminhada às câmaras de conciliação administrativa.

Seção V – Do Monitoramento das Políticas Públicas

Art. 189. Os órgãos de gestão, planejamento, execução e controle farão o controle permanente e em tempo real do funcionamento das políticas públicas, avaliando não só a legalidade, como o funcionamento dos processos, a participação democrática e o alcance dos resultados, formando, a partir dos dados coletados, painéis de dados.

Art. 190. Os órgãos, unidades administrativas e agentes superiores, a partir dos relatórios, farão as devidas sugestões aos órgãos de execução.

Art. 191. O modelo organizacional pode prever mais de uma unidade administrativa para monitoramento e avaliação, os quais poderão atuar de forma conjunta ou apartada.

Art. 192. Os painéis de gestão serão divulgados em tempo real nas plataformas de governo digital.

Art. 193. Não será necessário procedimento prévio para a realização de monitoramento de políticas públicas, salvo caso de visita presencial ou inspeção, que será anteriormente preparada.

Art. 194. O monitoramento será realizado na forma de episódios diários, semanais e no máximo mensais.

Parágrafo único. Entidades representativas da sociedade civil poderão conectar seus sistemas, sob a forma de interoperabilidade, para monitorar o funcionamento das políticas públicas e seus programas.

Seção VI – Da Avaliação das Políticas Públicas[6]

Art. 195. A avaliação da política pública será a mais ampla possível, abrangendo todos os instrumentos de Direito Administrativo, tendo em vista o interesse público e a suficiência na realização de direitos fundamentais individuais e coletivos.

Art. 196. A avaliação das políticas públicas, a ser realizada no mínimo anualmente, avaliará:

I – o cumprimento dos objetivos específicos;

II – a justeza e a atualidade dos objetivos específicos;

III – a adequação dos programas e instrumentos para a realização das metas;

---

[6] TAVARES, André Afonso. *Diretrizes para a avaliação de políticas públicas*: uma abordagem jurídica a partir da governança pública digital e com garantia da participação e do controle social. 2025. Tese (Doutorado em Direito) – Universidade de Santa Cruz do Sul, Santa Cruz do Sul, 2025.

IV – a efetiva mudança social a partir dos indicadores de desempenho;
V – a entrega de produtos e de resultados, levando-se em conta as desigualdades sociais e regionais;
VI – a legalidade no sentido amplo, incluindo a impessoalidade, a publicidade e a moralidade dos procedimentos e contratações públicas;
VII – a legitimidade e a economicidade dos gastos;
VIII – a adequação das condições de pessoal para a implementação da política pública;
IX – a conveniência dos espaços físicos e bens disponíveis para a realização da política pública ou programa;
X – a existência de suficiente disponibilidade orçamentária para a implementação;
XI – a participação, inclusão, diversidade e impacto ambiental;
XII – o custo da política pública e sua eficácia e eficiência;
XIII – os meios tecnológicos e inovação empregados.

Art. 197. A avaliação poderá abranger programas específicos de políticas, de forma unificada ou separada da avaliação da política pública como um todo, abrangendo os itens anteriormente enumerados.

Art. 198. Os órgãos avaliadores, a depender da insuficiência da política, encaminharão sugestão ou pedido de providência ao órgão específico.

Art. 199. Todas as dimensões acima serão avaliadas tanto pelo controle interno, como pelos conselhos de políticas públicas, por órgãos setoriais ou centrais, como também pelo controle externo, via Ministério Público e Tribunal de Contas.

Art. 200. A avaliação será global e personalizada para o instrumento ou programa a ser avaliado, com critérios diferenciados para a avaliação do poder de polícia, dos serviços públicos e do fomento, entre os outros instrumentos administrativos.

Parágrafo único. O estudo e o plano de políticas públicas preverá critérios de avaliação específicos para a política pública.

Art. 201. A avaliação poderá ser realizada por unidade específica ou conselho de política, mas sempre passará pela unidade executora da política pública, a qual elaborará relatório, que será juntado com demais documentos e dada ampla divulgação na rede mundial de computadores, inclusive com interoperabilidade.

Art. 202. Cada política pública e cada programa contará com manuais de avaliação de programas de políticas públicas, os quais possuem caráter jurídico, mas que serão extraídos extratos para fins de leitura e acompanhamento pela população.

Art. 203. Conceitua-se eficiência como o custo administrativo e financeiro para que o indicador de diagnóstico vire o indicador de resultado desejado, podendo tal custo ser objeto de avaliação e revisão na forma de auditorias, audiências e consultas públicas.

Art. 204. As auditorias de avaliação das políticas públicas serão realizadas tanto pelos órgãos de gestão, como de execução, controle e conselhos, podendo, inclusive, existir decisão coordenada para a instrução dos processos.

Art. 205. O não alcance de qualquer resultado em avaliação de política pública, mas principalmente o fracasso com o indicador de resultado, leva à reformulação da política pública, programa ou instrumento, mediante relatório circunstanciado, inclusive com novo planejamento, podendo os órgãos de gestão, planejamento e execução decidirem pela manutenção do programa, mediante justificativa, salvo justificativa de impossibilidade social ou inovação.

Art. 206. A Administração Pública poderá convocar, com auxílio de entidades da sociedade civil, universidades e membros de outros poderes, grupo multidisciplinar para a investigação das causas do não cumprimento dos indicadores de resultado.

Art. 207. A avaliação das políticas públicas pode se dar por exame de documentos, pesquisa participante, uso de base de dados, visitação e inspeção técnica, entre outras técnicas de avaliação.

Art. 208. A avaliação pode se dar em cada ministério ou secretaria, unidade administrativa, ou, ainda, mediante órgão interno centralizado, ou, finalmente, por sistema misto, conforme escolha do ente federativo.

Art. 209. A avaliação poderá ser unificada ou semiunificada, em caso de políticas públicas simetricamente nacionais, sendo a articulação entre as diferentes esferas federativas também motivo de avaliação.

Art. 210. O programa será considerado aprovado para o ciclo quando passar pelas instâncias de controle interno, mediante apresentação de relatório que será revisado e divulgado pelo superior hierárquico.

Parágrafo único. O alcance do indicador não precisa ser pleno, bastando que esteja dentro da margem de tolerância da meta, se existir.

Art. 211. Em caso de indicação pela revisão de programa por órgão externo, poderá existir acompanhamento e concertação com o órgão controlador externo.

Art. 212. A sociedade civil organizada poderá impugnar a aprovação de resultados de programa de políticas públicas.

Art. 213. As plataformas de governo digital trarão espaços para avaliação de políticas públicas e suas prestações, preferencialmente de acesso multimeios.

Parágrafo único. Os referidos portais conterão espaços deliberativos para a sugestão e debate de melhorias de programas de políticas públicas, os quais serão objeto de manifestação da Administração Pública.

Art. 214. Dar-se-á contraditório ao órgão, unidade ou equipe que tenha sido apontada em avaliação de política pública por órgão interno ou externo.

Art. 215. Seja em avaliações pontuais, seja em avaliações ritualizadas, existirá fase preparatória com ajustes recíprocos entre as equipes avaliadas e as equipes de avaliação, com produção de documentos, discussão e preparação de relatório final, com sugestões.

Capítulo VII – Do Ato Administrativo

Seção I – Das Normas Gerais

Art. 216. O ato administrativo existirá com a manifestação unilateral da vontade humana sob a forma de decisão ou mediante procedimento automatizado e sua externalização, seja sob contorno jurídico, seja mediante a produção de efeitos materiais.

Art. 217. A validade do ato administrativo depende da competência do agente para a sua prolação, devendo, concomitantemente, o ato ter sido criado em órgão, unidade administrativa ou entidade definida em lei, regulamento ou legislação autônoma como competente.

Parágrafo único. Em caso de equipes, qualquer dos agentes poderá tomar decisão válida.

Art. 218. Em horário de serviço, a ausência de elementos simbólicos, como uniformes, viaturas ou local de trabalho, não descaracteriza o exercício da competência, salvo quando constituir elemento de necessária ostensividade para a sua caracterização pela população.

Art. 219. Em casos tais como de perigo público, será considerado ato administrativo aquele realizado por agente de folga e sem os simbolismos típicos da oficialidade.

Art. 220. O ato administrativo poderá ser considerado eficaz por superior hierárquico, se o agente incompetente se apresentar publicamente como tal, salvo na hipótese de processos sancionatórios ou licenciadores.

Art. 221. Em caso de culpa da Administração em permitir que sujeito se mostre como agente público, o superior hierárquico, Advocacia Pública ou câmara de conciliação resolverá a questão, nunca reconhecendo direito indisponível que dependa de regra regulatória ou licenciadora.

Art. 222. Salvo evidente ataque cibernético, o órgão gestor a quem aproveita a plataforma digital obrigar-se-á perante o cidadão para todos os fins de Direito Público.

Art. 223. Em caso de atos administrativos automatizados, a competência do órgão, setor ou departamento suprirá a do agente faltante.

Art. 224. No caso de plataformas de governo digital, o exame da competência dar-se-á simultaneamente pelo cotejo entre o órgão criador da plataforma e o órgão utilizador da plataforma.

Art. 225. As decisões administrativas tomadas de forma automatizada não serão objeto de revisão humana, salvo recurso do interessado, ou em situações de alto risco ou impacto.

Art. 226. Poderá ser combinada a decisão automatizada ou humana com a geração automatizada de fundamentação consistente no texto motivador da decisão.

Art. 227. Além da possibilidade de recurso do interessado, serão realizadas auditorias periódicas para a verificação da lógica argumentativa do sistema.

Art. 228. Considera-se humana aquela decisão sugerida por sistema automatizado, podendo ser a sugestão levada em conta para fins de interpretação, responsabilização e avaliação.

Art. 229. Os parâmetros da decisão automatizada serão exatamente aqueles a serem levados em conta nas decisões humanas, salvo no que evidentemente for contraditório com a lógica de programação digital.

Art. 230. O treinamento da inteligência artificial será realizado levando-se em conta as fontes do Direito Administrativo e Constitucional Brasileiro, notadamente seu caráter de Estado Democrático de Direito, de primazia dos direitos fundamentais e da dignidade humana, da supremacia constitucional e de sistema de precedentes e padrões decisórios dos tribunais administrativos e jurisdicionais, existindo constante monitoramento e avaliação para a detecção de vieses algorítmicos.

Art. 231. Poderão ser criadas equipes de agentes públicos especializadas no treinamento e teste de mecanismos de decisão administrativa automatizada e inteligência artificial.

Art. 232. Os atos administrativos visam, genericamente, à realização dos direitos fundamentais protegidos pelas políticas públicas.

Art. 233. Especificamente, os atos administrativos realizarão objetivos dentro da árvore de decisões jurídicas que leva à realização de direitos fundamentais e, neste sentido, deverão observar a legalidade de seu objeto em seu sentido mais amplo possível, abrangendo os princípios de Direito Constitucional, de Direito Público, de Direito Administrativo, gerais de Direito, a literalidade dos textos constitucionais e legais, assim como dos regulamentos e demais normativas administrativas autônomas, e, inclusive, as normas de Direito Privado e os princípios de boa-fé.

Art. 234. A finalidade geral dos atos administrativos é a realização das políticas públicas, sendo que cada norma que embasa um ato administrativo tem por finalidade específica realizar interesse juridicamente protegido.

Parágrafo único. O interesse juridicamente protegido pode, contudo, ser utilizado para ocultar outro interesse que não esteja amparado pela legislação, nulificando o ato.

Art. 235. Os atos administrativos são realizados tendo em vista motivos de fato e de Direito que ou são inerentes à finalidade do ato ou são declarados na motivação.

Art. 236. Em caso de insubsistência da existência dos motivos ou do direito que embasa o ato administrativo, este deverá ser declarado nulo.

Parágrafo único. Para a verificação da ocorrência dos fatos que motivaram a existência do ato administrativo, serão utilizadas as máximas da experiência, provas administrativas e judiciais e a reconstituição a partir do uso dos sistemas de registro de tarefas.

Art. 237. Os atos administrativos não terão forma, salvo disposição em legislação administrativa, devendo sempre conter seu número de ordem, vinculação a processo e data, além de seu registro em sistema informático de distribuição de tarefas e realização de atividades, com protocolo do servidor que acessou o sistema.

Art. 238. A legislação poderá exigir, para fins de defesa do destinatário das políticas públicas, que a materialização do ato administrativo possua determinados dados ou forma, nos termos da legislação.

Art. 239. Caso aproveite ao destinatário ato no qual falte formalidade, poderá ele ser convalidado pela mesma autoridade ou superior, de ofício ou mediante comunicação do interessado.

Art. 240. A aparência da motivação do ato administrativo poderá adotar qualquer forma, inclusive desenhos, esquemas, formulários e fotos, incluindo textos que serão elaborados por agentes públicos ou por inteligência artificial.

Art. 241. A motivação deverá ser elaborada em forma de texto baseado em argumentos lógicos, congruentes, ordenados e que abordem os fatos e o Direito, principalmente nas situações em que houver:

I – negação ou limitação de direitos;

II – imposição ou agravamento de deveres;

III – aplicação de sanções de qualquer ordem, devendo o parecer pela condenação examinar e delimitar a tipificação, elencar os fatos relevantes do processo, rechaçar alegações processuais e finalmente enfrentar a substância da defesa, com rechaço das teses defensivas, sem necessidade de que cada argumento seja rebatido;

IV – homologação de concursos e licitações, consignando a lisura do processo;

V – anulação ou revogação de concursos e licitações, expondo as razões de legalidade e de interesse público;

VI – decisão de recursos administrativos, de qualquer espécie, notadamente daqueles advindos de decisões automatizadas;

VII – aplicação, ou não, de precedente administrativo ou padrão decisório;

VIII – convalidação de processos ou atos administrativos.

Parágrafo único. No caso de planos, programas e projetos de políticas públicas, o próprio documento materializador do planejamento consistirá na motivação.

Art. 242. A inexistência, erro ou insuficiência de motivação suficiente justificará a devolução do ato, por uma vez, da autoridade superior à inferior, para que seja elaborada nova motivação, conforme os padrões de garantia dos direitos fundamentais, sendo que, em caso de novo fracasso, o ato será considerado nulo, devendo ser repetido o ato, caso não tenha formado coisa julgada, prescrito ou decaído.

Art. 243. Considera-se motivação suficiente aquela gerada por inteligência artificial generativa, desde que individualizada ao caso e programada previamente para uso no setor específico, sendo válido ao agente humano realizar a individualização de texto geral formatado de forma automatizada.

Parágrafo único. O disposto neste artigo vale para qualquer tipo de decisão administrativa, inclusive recursos hierárquicos.

Art. 244. Somente mediante expressa disposição normativa um ato administrativo necessitará de outro ou outros para sua eficácia.

Art. 245. A não ser nos casos de atos administrativos materiais ou de pronta solvência, os atos persistirão até que outro o contraponha, caduque, perca o objeto ou ocorra o advento da prescrição ou decadência.

Art. 246. A ilegalidade de um ato administrativo levará às seguintes possibilidades:

I – convalidação, nas situações de erro de forma, ou, no caso de atos ordinatórios, também nas hipóteses de incompetência;

II – nulidade de toda a cadeia de atos administrativos, com efeitos *ex tunc, ex nunc* ou *pro futuro*;

III – nulidade de um ou mais atos administrativos isolados, com efeitos *ex tunc, ex nunc* ou *pro futuro*;

IV – nulidade de efeito ou parte de ato administrativo, com efeitos *ex tunc, ex nunc* ou *pro futuro*.

Art. 247. Serão parâmetros da decisão acerca da extensão dos efeitos da nulidade:

I – os prejuízos para a realização de objetivos das políticas públicas;

II – o grau de ofensa a bem jurídico relevante;

III – a ofensa à moralidade administrativa;

IV – a preservação da continuidade e a habitualidade das prestações das políticas públicas;

V – a observância da regra geral de nulidade desde a origem do ato.

Art. 248. Caso seja declarado nulo o ato administrativo, a decisão administrativa de nulidade será fundamentada e determinará expressamente o alcance espacial, conteudístico, pessoal e temporal das nulidades, com decisão conclusiva sobre a retroação da cadeia de atos administrativos invalidados.

Art. 249. Caso a Administração Pública tenha dado causa à nulidade, e o particular tenha realizado investimentos ou cumprido condicionantes, caberá indenização, que será resolvida preferencialmente na forma conciliatória.

Art. 250. Salvo casos especificados em lei, a nulidade de ato administrativo não gerará indenização de lucros cessantes, expectativa de direito ou perda de chance.

Art. 251. Em caso de nulidade ou revogação de ato normativo, o ato também preverá regime de transição até que outro seja editado.

Art. 252. A Administração Pública poderá revogar, de forma motivada, tendo em vista motivos de interesse público e de políticas públicas, atos lícitos normativos e individuais, salvo:

I – benefícios funcionais e sociais, no que toca aos pagamentos realizados;

II – licenciamentos vinculados a habilitação ou contrapartidas simples;

III – atos administrativos com efeitos já esgotados.

Art. 253. A caducidade do ato administrativo ocorre com a mudança da legislação que embasa o ato, salvo os casos de direito adquirido, que não poderá ser oposto a regime jurídico e não gerará indenização em hipótese alguma.

Art. 254. A rescisão do ato administrativo ocorrerá com o descumprimento de obrigação a que o beneficiário está obrigado para a sua fruição.

Parágrafo único. A rescisão será declarada unilateralmente pela Administração Pública, e comportará, se for o caso, contraditório diferido.

Seção II – Dos Atos Administrativos em Espécie

Art. 255. Mesmo que os conceitos indicados neste Código sejam chamados de atos administrativos, eles poderão estar inseridos em um processo administrativo com fase prévia e obrigações e repercussões posteriores, constituindo-se em decisões de administradores individuais, equipes ou sistemas informáticos que são ligados juridicamente a órgãos ou unidades, sendo sempre registrados na forma de tarefas e cumpridos como atividades.

Art. 256. São atos administrativos em espécie, entre outros, de caráter normativo ou particulares:

I – autorização e renovação de autorização de serviço público social, mediante ato vinculado, sob determinadas condições previstas em lei ou legislação autônoma da Administração;

II – autorização emergencial de serviço público que permita discricionariamente que delegatário explore serviço público em substituição a permissionário ou concessionário que estiver impossibilitado por conta de caducidade, falência ou evento de crise climática;

III – autorização ordinária de serviço público, de caráter vinculado, na qual atividade de serviço público é exercida por particular, sem licitação;

IV – autorização esporádica de serviço público, de caráter vinculado, em que prestações de serviço público são entregues por particular de forma não permanente;

V – autorização de uso de bem público, na qual bens públicos poderão ser utilizados de forma remunerada ou gratuita, sempre de maneira transitória, discricionária, porém mediante critérios impessoais;

VI – autorização de uso emergencial de bem público, no qual o poder público autoriza discricionariamente que delegatário explore bem público em substituição a permissionário ou concessionário que estiver impossibilitado por conta de caducidade, falência ou evento de crise climática;

VII – licenças no exercício de poder polícia, em aplicação da legislação urbanística, ambiental, regulação em geral, consistindo em ato vinculado em processo administrativo, e emitido sob determinadas condições de habilidade ou documentação prevista em lei ou regulamento, para o exercício de atividade, podendo ser periodicamente renovado, não importando a denominação utilizada;

VIII – aprovação de polícia ou consentimento para a realização provisória de atividade, implicando ou não uso acessório de bens públicos;

IX – avisos, com finalidade de divulgar informação aos cidadãos destinatários das políticas públicas;

X – certificação, consubstanciando-se em ato que credencia entidade pública ou privada a licenciar atividades de menor risco;

XI – requisição de bem ou pessoa, para fins de realização de tarefa específica de interesse público;

XII – audiência com autoridade pública ou particular;

XIII – destruição de bens, na forma de sanção definitiva ou cautelar;

XIV – bloqueio cautelar de bens visando a prevenir responsabilidade administrativa;

XV – apreensão e depósito de bem irregular ou que esteja sendo utilizado de maneira irregular, na forma de sanção definitiva ou cautelar;

XVI – arresto cautelar, para a restrição de bem perigoso da posse de detentor;

XVII – sequestro cautelar, para a retirada do bem de infrator de política pública;

XVIII – interdição total ou parcial de estabelecimento ou prédio comercial ou residencial, na forma de sanção definitiva ou cautelar;

XIX – demolição total ou parcial de obra, na forma de sanção definitiva ou cautelar;

XX – sanção pecuniária como sanção definitiva, a ser enviada imediatamente para pagamento, com contraditório tradicional ou diferido;

XXI – constituição de título executivo administrativo, nos casos previstos neste Código, incluindo não pagamento de sanção pecuniária;

XXII – parecer, na qual é realizada avaliação de ato sob o aspecto jurídico, podendo ser vinculante ou não;

XXIII – plano de políticas públicas, abrangendo diagnósticos, prognósticos, indicadores, metas, estratégias e instrumentos a serem utilizados, objetivos a serem preenchidos em espaços de tempo e território e instrumentos de avaliação, além de sua periodicidade, quando não se materializar em lei;

XXIV – outorga, que consiste no ato do chefe de setor ou departamento de outorgar serviço a entidade pública criada ou não para o fim específico, sem licitação;

XXV – relatório, com a descrição pormenorizada de questão de fato e de Direito;

XXVI – atribuição de tarefa, na qual a unidade, agente ou equipe designa inferior para a realização de alguma atividade;

XXVII – ofício, comunicando órgãos ou autoridades de determinadas situações;

XXVIII – despacho, ato no qual processo é impulsionado para as fases seguintes;

XXIX – ciência, em que a parte ou terceiro interessado é informado dos atos do processo administrativo, inclusive na forma digital;

XXX – termo, mediante o qual são encerrados processos ou atos;

XXXI – atestado, o qual certifica a verdade de uma questão de fato;

XXXII – certidão, certificando a correção de uma situação de Direito;

XXXIII – termo de referência, que serve de base para a futura contratação ou concessão;

XXXIV – minutas de edital, acordos e contratos, para instrumentalizar as operações respectivas;

XXXV – termo de apostilamento, voltado à inclusão de documentos em processos administrativos;

XXXVI – recomendação, com a opinião para a tomada de decisão de fato ou direito;

XXXVII – ata, na qual os presentes atestam situação de fato, que será detalhada e registrada em processo administrativo;

XXXVIII – intervenção em permissão ou concessão de serviço ou bem público;

XXXIX – nota técnica, avaliando, sob o aspecto de fato e de direito, determinada situação e a providência a ser tomada;

XL – nota informativa, caracterizada pela simplicidade, provisoriedade e objetividade;

XLI – nota de auditoria, com pretensão de completude e cientificidade, elaborada por grupo e visando a achados notáveis no campo tanto da realização dos objetivos de políticas públicas como no cumprimento das normas;

XLII – arquivamento de feito, em que o agente ou superior determina o encerramento do processo administrativo, ficando consignado, em sistema informático, sua decisão, a qual poderá ser revisada até a decadência do ato;

XLIII – nota jurídica, voltada à correta interpretação da lei, sem exame completo da situação;

XLIV – cota, consistindo em lançamento de observação em processo administrativo;

XLVI – nomeação de aprovado em concurso, cargo em comissão ou função comissionada;

XLVII – formação de lista de promoção, de forma vinculada;

XLVIII – concessão de licença, de forma vinculada ou discricionária;

XLV – remoção, de ofício ou a pedido;

XLIX – exoneração;

L – cessão de pessoal, a título individual ou coletivo, baseada na precariedade e voluntariedade, podendo ser estipulado, contudo, um prazo mínimo de dois anos, e que poderá se dar entre entidades da Administração Direta, Indireta e mesmo entre entes federativos diversos;

LI – requisição de pessoal, na qual o órgão requerente determina, compulsoriamente, a entrega do servidor para fins de interesse público;

LII – despacho com superior hierárquico ou de outro poder;

LIII – portaria coordenada de desempenho, na qual dois ou mais órgãos, unidades, departamentos e equipes, inclusive da Administração de outros poderes, da Administração Indireta ou de outros entes federativos, comprometem-se a determinadas metas de desempenho visando a melhorias no serviço, que podem consistir ou não em maior autonomia administrativa;

LIV – portaria interministerial, para a tomada de providências, inclusive normativas, que envolvam mais de um ministério ou secretaria;

LV – portaria coordenada, na qual dois ou mais órgãos, unidades, departamentos e equipes, inclusive da Administração de outros poderes, da Administração Indireta ou de outros entes federativos, realizam, mediante ato conjunto, providência que satisfaz sua regra de competência;

LVI – diligência, mediante a realização pessoal ou por interposta pessoa de providência fora da repartição pública;

LVII – inspeção, em que é verificado e consignado o estado de pessoa ou coisa, preferencialmente no lugar do bem, pessoa ou ocorrido;

LVIII – interrogatório, oitiva de testemunhas, acareação, julgamento administrativo, sessão de julgamento e elaboração de votos, compreendidos como atos em processos administrativos sancionatórios;

LXIX – edital, consistente na elaboração de regras gerais que vinculam processo competitivo, e que se conectam com o futuro vínculo ou contrato a ser firmado entre Administração, outros órgãos da Administração ou particular;

LX – ciência da autoridade, mediante a qual a autoridade toma conhecimento de tarefa executada por terceiro ou agente público no processo;

LXI – aprovação, que consistirá em etapa de processo administrativo, realizado pelo mesmo agente ou superior hierárquico;

LXII – visto, mediante o qual o superior hierárquico revisa o ato inferior sob o aspecto formal, confirmando-o;

LXIII – homologação, consistindo em ato mediante o qual o superior hierárquico analisa o processo administrativo em sua regularidade jurídica, atestando sua idoneidade material;

LXIV – convalidação, consubstanciando-se na confirmação de ato administrativo pelo próprio agente ou superior hierárquico, diante de defeito considerado sanável;

LXV – revogação, configurado na retirada de efeitos jurídicos de ato administrativo válido, nos termos deste Código;

LXVI – anulação, sendo ato do próprio agente, equipe ou superior hierárquico que constata ilegalidade em ato administrativo e declara sua nulidade, retirando seus efeitos, nos termos deste Código;

LXVII – delegação, mediante a qual o superior delega tarefas próprias, em caráter geral ou para atos específicos, para inferior hierárquico ou outro órgão da Administração Pública, inclusive de outra unidade federativa, sendo tal vedado para atos normativos ou apontados na legislação como de competência exclusiva, podendo assumir forma de decreto, portaria ou ato inferior;

LXVIII – avocação, na qual uma ou mais tarefas são redistribuídas para a autoridade superior;

LXIX – análise de documentos, na qual se faz o resumo e a interpretação de documentos de fato;

LXX – constituição de grupo de trabalho ou equipe;

LXXI – comunicação à imprensa;

LXXII – parecer de força executória, o qual conterá comando para que órgão, unidade ou agente realizem obrigatoriamente determinada providência;

LXXIII – elaboração de laudo arbitral, para fins de resolução de contenda administrativa;

LXXIV – elaboração de cartilha, boletim informativo, postagem em rede social ou assemelhado, para fins de melhoria da comunicação entre Administração Pública e população;

LXXV – manifestação sobre fatos e documentos, visando à sua interpretação para o superior hierárquico ou para o próprio órgão ou unidade;

LXXVI – voto em conselho de políticas públicas;

LXXVII – parecer pela aplicação de sanção disciplinar;

LXXVIII – advertência, suspensão e demissão em sede disciplinar;

LXXVII – rescisão de ato administrativo;

LXXVIII – declaração de caducidade de ato, concessão e permissão;

LXXXIX – extinção unilateral de contrato público;

LXXX – modificação unilateral de contrato público;

LXXXI – aplicação de penalidade contratual;

LXXXII – realização de reuniões;

LXXXIII – elaboração de proposta de conciliação entre entes administrativos e particulares;

LXXXIV – elaboração de termo de acordo de probidade ou outros da Administração Pública;

LXXXV – projeto, sendo entendido como a menor unidade de atuação planejada, na qual agentes e equipes são designados para atingir determinados resultados ou entregas, conforme listas de verificação debatidas e adrede preparadas;

LXXXVI – avaliação do valor, uso e danos a bens públicos e particulares;

LXXXVII – prestação de subsídio de fato ou macrodados para planejamento de política pública;

LXXXVIII – tratamento de dados;

LXXXIX – pesquisa de mercado, para fins de aferição de preços a comporem estoque regulador ou serem registradas em atas de preços;

XC – pesquisa patrimonial, na qual se realiza a busca ativa de bens eventualmente perdidos ou não arrecadados pela Administração Pública;

XCI – pesquisa de bens, visando à solvência futura de devedor da Administração Pública;

XCII – notas referenciais, com detalhamentos de fato circunstanciais para a tomada de decisão pelos administradores das políticas públicas;

XCIII – perícia, para fixar, mediante conhecimento técnico, o estado de pessoas e a conservação e valor de coisas;

XCIV – parecer de mérito, no qual ato ou programa tem avaliadas a qualidade e a capacidade de atingir objetivos de políticas públicas;

XCV – memorando, usado para transmitir informações de caráter geral, tanto para fora como para dentro da Administração Pública;

XCVI – ordem de serviço, de caráter obrigatório, visando a dar execução a atividade específica;

XCVII – projeto, estabelecendo sequências de ações, cujo objetivo é dar concretude a programa de política pública;

XCVIII – despacho processual, visando a impulsionar processo administrativo;

XCIX – despacho decisório, em que a autoridade determina ato de gestão.

§1º Os atos deste artigo poderão ser realizados de ofício, individualmente ou por equipe, ou determinados por superior hierárquico, e serão, de todo modo, devidamente registrados para comprovação funcional, avaliação e gestão por metadados.

§2º O ato administrativo material, entendido como aquele que modifica fisicamente o mundo, incidindo sobre pessoas e bens, será regido pelas mesmas regras de Direito Público usuais, inclusive quando praticados por particulares no exercício de função pública ou financiados por recursos públicos.

Art. 257. São formas de ato administrativo normativos, entre outras:

I – decretos, com conteúdos regulamentares e de legislação autônoma, sendo sua elaboração de competência do Chefe do Poder Executivo;

II – portarias, com conteúdos regulamentares e de legislação autônoma, sendo sua elaboração competência de Ministro, Secretário de Estado ou Município, dirigentes da Administração Indireta e chefes de órgãos e unidades administrativas;

III – resoluções, constituindo ato normativo advindo de conselhos ou outros órgãos colegiados que estabelecem regras e obrigações para determinado setor da Administração Pública, serviços públicos ou economia, com autorização básica em lei;

IV – instruções normativas, cuja finalidade é o detalhamento das portarias normativas ou resoluções por autoridades inferiores;

V – regimentos, sendo disciplina interna de funcionamento de unidades administrativas, incluindo conselhos, da Administração Pública, sem necessidade de autorização em lei;

VI – provimentos, sendo ato normativo advindo de autoridade unipessoal, estabelecendo obrigações e procedimentos para o funcionamento da Administração Pública;

VII – ordem de serviço, emitida pelo chefe de unidade administrativa, para a organização do serviço;

VIII – ofícios circulares, voltados à uniformização de entendimento tanto para os particulares quanto para os servidores públicos envolvidos.

Capítulo VIII – Da Administração Dialogada

Seção I – Dos Acordos da Administração Pública

Art. 258. São acordos da Administração Pública, entre outros:
I – contratos administrativos;
II – termos de parceria, contratos de gestão, termo de colaboração, termo de fomento e acordos de cooperação, denominados genericamente de acordos de fomento;
III – termos de cooperação técnica;
III – termos de cooperação administrativa;
IV – convênios administrativos.

Art. 259. Os acordos administrativos continuam regidos pelas leis específicas, com as adaptações deste Código.

Art. 260. Os contratos administrativos serão regidos pelo Direito Público e servirão à aquisição de bens, serviços e obras, para alienações de bens públicos ou locação de bens privados, concessões e permissões de serviço e bens públicos e contratação de temporários, entre outras hipóteses previstas em legislação, e serão vinculados a edital ou a procedimento preparatório anterior.

Art. 261. Os contratos de Direito Público possuem as seguintes características:
I – adesividade das cláusulas contratuais;
II – regência pela impessoalidade, publicidade, moralidade e eficiência;
III – condições de mutabilidade dos contratos administrativos, em favor da Administração;
IV – atribuições unilaterais de rescisão contratual por parte da Administração;
V – fixação de sanções para descumprimento das condições por parte do particular;
VI – registro em processo administrativo.

Art. 262. Poderão existir contratos de Direito Público atípicos e que possuirão o regime jurídico descrito no artigo anterior, conforme decidido pela legislação administrativa ou inerência da atividade ou relação.

Art. 263. Não desnatura a característica de contrato público a negociação entre poder público e particular, desde que relacionada a cláusulas que não estejam em lei ou edital, ou sua adaptação, quando permitida.

Art. 264. Os acordos de fomento serão regidos, no que couber, pelo regime jurídico dos contratos administrativos.

Art. 265. Os termos de cooperação técnica estabelecerão obrigações recíprocas entre Administração Pública e particulares visando à troca de conhecimentos e experiências, sem repercussão financeira.

Art. 266. Os termos de cooperação administrativa estabelecem obrigações e procedimentos entre órgãos públicos de diferentes poderes ou entre órgãos públicos e entidades da Administração Indireta não vinculadas ao órgão público.

Art. 267. Os convênios administrativos serão entabulados entre entidades federativas ou entre o poder público e particulares, com ou sem fins lucrativos, visando a atividades de interesse público que não consistam em fomento ou fornecimento de bens e serviços.

§1º Aplicam-se ao convênio com particulares, no que couber, as disposições relativas aos contratos administrativos, salvo no que toca à adesividade, podendo as partes estipularem cláusulas individualizadas, quando for o caso.

§2º O convênio com privados poderá conter obrigações econômicas, desde que não consista na prestação principal do acordo.

§3º Poderão ser realizados convênios com associações de associações, ou associações de profissionais, entidades de classe, entidades sindicais e conselhos profissionais, visando a assuntos de interesse das políticas públicas.

Art. 268. Não será necessária a celebração de termo entre órgãos públicos de um mesmo poder, entre suas unidades administrativas ou entre entidades da Administração Indireta e seu ministério ou secretaria respectiva, bastando a elaboração de portaria sob as formas simples, interministerial ou coordenada.

Art. 269. A ilegalidade do procedimento ordinatório ou competitivo anterior à celebração do acordo administrativo poderá ter as seguintes consequências jurídicas, a depender de sua gravidade e impactos:

I – convalidação simples do procedimento;

II – nulidade de um ou mais atos do procedimento administrativo, sem repercussão no acordo, com repetição da etapa;

III – nulidade de um ou mais atos do procedimento administrativo, com repercussão parcial no acordo;

IV – nulidade do procedimento com nulidade total do acordo.

Art. 270. Caso seja declarado nulo processo administrativo prévio ao acordo, a decisão administrativa de nulidade será fundamentada e determinará expressamente o alcance espacial, conteudístico, pessoal e temporal das nulidades, com decisão conclusiva sobre a validade do acordo estabelecido.

Art. 271. A ilegalidade de um acordo administrativo levará às seguintes possibilidades:

I – convalidação, nas situações de erro de forma;

II – elaboração de novo acordo, sem a nulidade apontada;

III – nulidade de uma ou mais cláusulas de acordo administrativo, com efeitos *ex tunc*, *ex nunc* ou *pro futuro*;

IV – nulidade de todo o acordo administrativo, com efeitos *ex tunc*, *ex nunc* ou *pro futuro*.

Art. 272. Caso seja declarado nulo acordo administrativo, a decisão administrativa de nulidade será fundamentada e determinará expressamente o alcance espacial, conteudístico, pessoal e temporal das nulidades, com decisão conclusiva sobre a retroação da cadeia de atos administrativos invalidados, sendo a atribuição de efeitos *ex tunc* a regra geral.

Art. 273. Em caso de nulidade de acordo administrativo, será estabelecido regime de transição, visando à continuidade da política pública.

Seção II – Dos Acordos de Correção de Conduta e Recuperação da Integridade

Art. 274. A Administração Pública realizará acordos buscando a correção de condutas ou a recuperação da integridade, chamados genericamente de acordos de integridade, visando ao interesse público e os objetivos das políticas públicas, nos seguintes casos e instrumentos:

I – termo de ajustamento de conduta disciplinares;

II – termo de ajustamento de conduta em sede de direitos coletivos e difusos;

III – termo de ajustamento de conduta em concessão de serviço público ou bem público;

IV – termo de ajustamento de conduta contratual;

V – termo de ajustamento de conduta regulatório;

VI – acordo de não persecução civil;

VII – acordo de leniência;

VII – compromisso de cessação de prática.

Art. 275. Os acordos serão realizados entre a autoridade indicada na legislação, podendo consistir na autoridade julgadora, agente delegatário, chefia regional da Advocacia Pública e o interessado, cabendo ou não, nos termos da legislação autônoma, homologação de ministro ou secretário.

Art. 276. No termo de ajustamento de conduta disciplinar, o agente público compromete-se a não realizar mais conduta descrita como violadora dos deveres funcionais, mediante assunção de certos compromissos, como pagamento de eventual prejuízo, e conferirá exclusão total ou parcial de penalidade disciplinar ou sua readequação para penalidade de menor gravidade.

§1º O termo de ajustamento de conduta disciplinar pode se dar antes ou durante processo administrativo disciplinar ou sindicância.

§2º O próprio agente pode apresentar-se voluntariamente perante a autoridade competente para realizar o acordo, mediante direito de petição, comunicando os fatos delituosos de sua própria autoria.

§3º A tentativa de realizar acordo, ou sua efetiva realização, não implica admissão de culpa administrativa ou penal, mas sua celebração ficará registrada para fins de futura concessão de nova benesse.

§4º Não poderá realizar termo de ajuste de conduta disciplinar o agente beneficiado com acordo nos últimos dois anos, salvo nos casos de acordo pretérito para não aplicação de pena de advertência ou suspensão menor que trinta dias.

Art. 277. Os termos de ajustamento de conduta em sede de direitos difusos e coletivos ocorrerão nas situações de violação desses direitos, sendo regidos pela legislação específica, e formarão, além de título executivo judicial, também título executivo administrativo, a ser executado na forma deste Código.

Art. 278. Os termos de ajustamento de conduta em concessão de serviço público ou bem público ocorrerão nas concessões e permissões de serviços e bens públicos, e visam à preservação da concessão, obrigando-se o concessionário que praticar ato punível na forma da legislação específica a pagar sanção pecuniária fixada no acordo e cumprir determinadas condições, evitando, com isso, a extinção unilateral da concessão.

§1º O inadimplemento da multa ajustada leva à caducidade da concessão.

§2º A realização de termo de ajustamento de conduta em concessão não poderá ter caráter sigiloso.

§3º O termo de ajustamento de conduta não implica admissão de culpa criminal para os eventuais gestores de empresa concessionária.

§4º O termo de ajustamento de conduta de concessão será realizado ante o fiscal do contrato e será homologado pela autoridade superior.

Art. 279. O termo de ajustamento de conduta contratual visa à correção de conduta de contratante perante a Administração Pública, e visa, mediante a assunção de compromissos e pagamento de sanção pecuniária, à não aplicação ou redução de penalidade contratual a ser aplicável.

§1º O termo de ajustamento de conduta contratual será realizado ante o fiscal do contrato e será homologado pela autoridade superior.

Art. 280. O termo de ajustamento de conduta de norma regulatória visa à correção de conduta de agente subordinado a essa norma, o qual, mediante assunção de determinados compromissos e sanção pecuniária, evitará a aplicação de penalidade, inclusive eventual perda de licença ou autorização.

§1º O termo de ajustamento de conduta de norma regulatória será realizado ante o ente regulador e será homologado pelas autoridades internas do respectivo ente.

Art. 281. O acordo de não persecução civil ocorrerá nas situações e condições presentes na legislação sobre improbidade administrativa e será negociado com a Advocacia Pública do ente vítima da improbidade administrativa.

Art. 282. O acordo de leniência ocorrerá nos termos da legislação anticorrupção, sendo negociado com a Advocacia Pública do ente público vítima da corrupção empresarial.

Art. 283. O compromisso de cessação de prática segue os termos da legislação econômica.

Art. 284. Poderá consistir em cláusula de delação premiada penal a não aplicação de pena de demissão.

Art. 285. Nas situações desta seção, será obrigatória a presença de advogado, salvo se o próprio agente preferir atuar em causa própria, sendo habilitado a tanto.

LIVRO II – DO PROCESSO ADMINISTRATIVO

Capítulo I – Das Normas Gerais

Art. 286. Considera-se processo administrativo a sucessão de atos administrativos que visam a um ato administrativo final de maior significância, podendo ser, entre outros, do tipo ordinatório, sancionador, competitivo, controlador ou licenciador.

Art. 287. Os processos administrativos serão regidos pelas normas deste livro ou por lei específica, que poderá disciplinar o processo, ou por regulamento, e por legislação autônoma nos casos especificados neste Código ou por delegação geral em lei.

Parágrafo único. Em qualquer hipótese, o regulamento e a legislação autônoma poderão detalhar os processos administrativos.

Art. 288. As normas deste Código aplicam-se subsidiariamente à legislação de processo administrativo já existente, a qual se manterá, caso compatível, ou sofrerá derrogação parcial, em caso de manifesta incompatibilidade de fundo.

Art. 289. Os entes federativos e suas entidades da Administração Indireta poderão adotar as normas de processo administrativo deste Código, mediante indicação legislativa, ou criarão suas próprias, ou, ainda, poderão criar formas mistas de processo.

Art. 290. Os processos administrativos poderão correr de forma total ou parcialmente automatizada, com intervenções humanas em momentos pontuais e na homologação do resultado do processo administrativo.

Parágrafo único. Mediante adesão expressa, eventual cumprimento de obrigação decorrente de sanção, tarifa ou qualquer outra obrigação administrativa poderá se dar de forma automática, mediante desconto bancário, sem necessidade de intimação específica.

Art. 291. Em hipótese alguma, a existência de sistemas proprietários do Poder Executivo, Legislativo, Judiciário, ente da Administração Indireta ou parceiro da Administração impedirá a interoperabilidade processual com os sistemas públicos.

Art. 292. Considera-se realizado o ato no local do órgão ou unidade ou, em caso de governo por plataforma digital, no local onde o usuário realizar ato ou no local do órgão ou unidade ao qual é imputado o ato, podendo norma administrativa indicar lugar diverso em benefício do cidadão destinatário das políticas públicas.

Parágrafo único. Em caso de teletrabalho, considera-se realizado o ato no local da unidade administrativa a que o servidor estiver vinculado, salvo para fins de eventual apuração de responsabilidade.

Art. 294. Nos atos automatizados ou por inteligência artificial, considera-se realizado o ato no local do órgão ou unidade ao qual é imputado o ato automatizado, podendo norma administrativa indicar lugar diverso em benefício do cidadão destinatário das políticas públicas.

Art. 295. Os atos deverão ser realizados em dias úteis e em horário comercial, conforme estabelecido localmente.

§1º A Administração Pública, incluindo Tribunais de Contas, reconhecerá de ofício feriado local.

§2º Caso a Administração Pública não reconheça de ofício feriado local, o qual liberará o cidadão, mesmo em processos federais, desde que localizados, bastará comunicação via sistema de processo administrativo para a comprovação do feriado.

Art. 296. Eventuais audiências e despachos com autoridades poderão se dar de forma remota, as quais ficarão registradas, com ou sem divulgação de conteúdo.

Art. 297. Em caso de atos realizados em plataforma de governo digital, ou mediante processo digital, o ato de interesse da Administração ou da parte poderá ser realizado em qualquer horário, desde que dentro do termo do dia do prazo.

Art. 298. Os prazos estabelecidos em legislação administrativa contam-se em dias úteis, salvo disposição expressa em legislação ou edital.

Art. 299. Nenhum prazo iniciará em dia feriado ou final de semana.

§1º Considera-se iniciado o prazo no dia seguinte ao da sua comunicação ou intimação, salvo se final de semana ou feriado, podendo a legislação administrativa indicar forma diversa de dia de início de prazo.

§2º Caso o termo final de prazo seja dia feriado ou final de semana, considera-se prorrogado o prazo para o próximo dia útil seguinte.

§3º As disposições deste Código aplicam-se mesmo a situações de prazos curtos, como de dias ou horas, incluindo concursos públicos.

§4º Os prazos processuais não se suspendem, salvo motivo de catástrofe climática, tendo o interessado direito subjetivo a tanto.

Art. 300. Eventuais comunicações dos atos poderão se dar em forma analógica ou mediante adesão à plataforma de governo digital, e serão consideradas válidas caso o elemento local de plataforma de governo digital acuse recebimento da informação, mesmo que não aberta a notificação.

§1º Consistirá forma de confirmação da intimação ou ciência a abertura de aplicativo, sistema ou a decorrência de certo prazo, confirmado o recebimento de dados pelo dispositivo da parte interessada.

§2º Em situações tais como audiência pública ou outros processos administrativos coletivos, a notificação poderá se dar de forma massificada, por meio de plataforma de governo digital.

Art. 301. Os interessados, mesmo que não o sejam diretamente, poderão manifestar-se em qualquer processo administrativo.

Art. 302. A Administração Pública tem o dever de expressamente decidir no prazo de trinta dias, salvo disposição em contrário.

§1º O interessado pode provocar a Administração a se manifestar após o decurso do prazo, o que será realizado com prioridade, sob pena de responsabilidade.

§2º O silêncio administrativo não gera licença, autorização ou outorga de direitos, salvo nas situações de baixo risco e que estejam expressamente previstas na legislação autônoma ou lei.

Art. 303. O interessado poderá fazer-se substituir no processo administrativo mediante advogado, o qual usará a sua própria assinatura digital ou credencial de acesso, por meio de autorização simples dada pelo interessado, que será juntada.

Capítulo II – Do Processo Administrativo Ordinatório

Art. 304. Os processos administrativos ordinatórios servem à rotina funcional usual da Administração Pública e funcionarão na lógica de fluxo de trabalho.

Art. 305. Os processos administrativos serão preferencialmente digitais e interoperáveis com os diversos sistemas da Administração Pública, inclusive de outros poderes, entidades e entes federativos.

Art. 306. Os processos administrativos ordinatórios, que poderão ser programados em formato aberto, terão número de ordem, data, identificação de interessados, assunto e indexação para busca e estarão disponíveis em tempo real para pesquisa por outros órgãos da Administração Pública ou para a população.

Parágrafo único. Poderá ser dada publicidade diferida a certos atos dos processos ordinatórios, conforme decisão do administrador do processo.

Art. 307. Os processos ordinatórios poderão ser impulsionados de forma individual ou colaborativa.

Art. 308. O mero acesso do agente ou equipe implica a notificação para a realização de tarefa e gera a autenticação da atividade realizada.

Parágrafo único. A atividade do agente no processo ficará registrada para fins funcionais.

Art. 309. Os processos ordinatórios não necessariamente serão numerados por folhas, mas sim por sequências ou eventos.

Art. 310. O processo administrativo pode ser iniciado por superior hierárquico ou por agente com função de distribuidor de processos, ou de ofício pelo agente público competente para o resultado do processo.

Art. 311. As tarefas a serem realizadas nos processos administrativos poderão ser atribuídas pelo superior hierárquico ou por qualquer agente competente, incluindo o próprio agente responsável pelo processo, e serão realizadas no formato de atividades, a serem classificadas conforme o grau de importância, até o encerramento do processo.

Art. 312. O agente público pode ser responsável pela totalidade ou parte do processo administrativo.

Art. 313. Os processos ordinatórios servirão como prova da realização do trabalho dos agentes da Administração Pública, inclusive sob a forma de teletrabalho.

Art. 314. Os parceiros da Administração Pública poderão utilizar os mesmos sistemas de processo administrativo da Administração

Pública, sendo, inclusive, obrigatória a divulgação em tempo real dos atos realizados.

Art. 315. Os sistemas de processos ordinatórios deverão permitir a extração de relatórios e painéis de gestão, para fins de aperfeiçoamento do trabalho da Administração Pública.

Art. 316. As normas do processo administrativo ordinatório aplicam-se, no que couber, aos demais tipos de processo administrativo.

Art. 317. Os processos ordinatórios poderão constituir subsídio suficiente para os diferentes processos de controle, incluindo correicionais.

Art. 318. Os modelos de processo ordinário constarão de banco de dados e poderão ser distribuídos para os demais entes federativos, com ou sem remuneração.

Art. 319. Os Tribunais de Contas poderão estipular obrigações para que os entes federativos criem processos ordinatórios digitais em certo prazo e com determinadas características mínimas.

Capítulo III – Do Processo Administrativo Licenciador

Art. 320. Por meio do processo de licenciamento, a Administração habilita o cidadão ou pessoa jurídica destinatária de políticas públicas à realização de certas atividades, liberdades, empreendimentos, obras e venda de produtos ou serviços, tendo em vista os objetivos de políticas públicas, não importando a denominação da licença.

Parágrafo único. A licença é expressão do poder de polícia e ao seu regime jurídico e ciclo está vinculado.

Art. 321. Em licenças vinculadas à realização de atividades por particular que dependam de habilidades, o processo de licenciamento será padronizado e simplificado, dependendo, conforme a situação, de realização de cursos formativos e testes práticos, sob a forma vinculada, os quais serão elaborados em dificuldade razoável e que comportarão renovação periódica.

§1º Os testes de habilitação poderão ser realizados via plataforma digital.

§2º Caberá recurso administrativo ao superior hierárquico em caso de reprovação.

Art. 322. O Processo Administrativo licenciador, em atividades de médio e alto risco, inicia-se mediante iniciativa da parte interessada, sendo regido pelas seguintes premissas:

I – busca do interesse público;

II – intervenção suficiente em prol dos direitos fundamentais individuais e coletivos de todos;

III – participação da sociedade;

IV – uso dos parâmetros de formalismo moderado, principalmente com o uso de plataformas digitais;

V – garantias de notificação, defesa e produção de alegações por parte do interessado, ainda que em plataforma digital.

Parágrafo único. No processo administrativo licenciador de baixo risco, a Administração expedirá a licença ao interessado no caso de preenchimento dos requisitos objetivos, não exigidas maiores formalidades.

Art. 323. A relação de atividades a serem licenciadas será objeto de legislação autônoma da Administração Pública, podendo estar prevista em lei.

Art. 324. A parte interessada deverá apresentar projeto de licenciamento nas atividades de médio e alto risco, o qual poderá, nos termos de regulamento, ser ou individualizado para determinada situação, ou padronizado conforme critérios estipulados pela Administração Pública.

Art. 325. Os critérios de licenciamento serão objeto ou de lei ou legislação autônoma da Administração Pública, devendo existir audiências e consultas públicas à população para a sua elaboração, a qual sempre estará vinculada aos objetivos e metas da política pública a que o objeto do licenciamento está ligado.

Art. 326. O projeto de licenciamento poderá ser instrumentalizado com projetos aprovados diante de entes ou órgãos públicos do exterior, podendo a legislação autônoma ou autoridade exigir adaptações à realidade brasileira.

Art. 327. A Administração Pública poderá realizar diálogo licenciador com a parte interessada, mediante mecanismos síncronos ou assíncronos, visando ao esclarecimento do objeto do licenciamento e ao estabelecimento de compensações.

Art. 328. A Administração Pública poderá requerer esclarecimentos e documentação adicional ao projeto de licenciamento da atividade, produto, serviço, obra ou empreendimento.

Art. 329. O interessado terá oportunidade de apresentar alegações finais conclusivas, ao final do processo administrativo de obtenção de licença.

Art. 330. Poderá ser cobrado preço ou taxa no processo administrativo licenciador, conforme seja a atividade credenciada por particular ou licenciada pelo poder público.

Art. 331. Poderão existir diversas classes de processo e de licença, sejam relacionadas à fase de instalação do empreendimento, seja em relação à extensão da atividade, bem como qualquer outra forma existente lei, regulamento ou legislação autônoma da Administração.

Art. 332. Qualquer cidadão ou entidade representativa da comunidade poderá apresentar alegações no processo administrativo de licenciamento.

Art. 333. Nas atividades de médio e alto risco, a Administração Pública poderá determinar compensações ou alterações no projeto, negá-lo por certo tempo ou definitivamente.

Parágrafo único. Mesmo no caso de negativa definitiva, a parte interessada poderá propor novo projeto, decorrido o prazo de três anos.

Art. 334. Caberão embargos de declaração, pedido de reconsideração e pelo menos dois níveis de recursos hierárquicos em caso de negativa de licenciamento.

Art. 335. A Administração Pública poderá exigir contrapartidas tanto relacionadas como desvinculadas da matéria objeto do licenciamento.

Parágrafo único. A publicidade da contrapartida estará sempre vinculada ao ente administrativo licenciador, mesmo que, eventualmente, o licenciado também possa utilizá-la.

Art. 336. A licença, independentemente da denominação utilizada, poderá ser emitida em forma digital.

Art. 337. Tanto a outorga da licença como o seu indeferimento serão motivados, mediante exame dos argumentos alegados pela parte interessada.

Art. 338. O processo administrativo licenciador poderá ser decidido mediante sugestão de decisão de inteligência artificial ou ainda diretamente, em casos de atividades de baixo risco.

Parágrafo único. A decisão de inteligência artificial será considerada como emitida pelo órgão competente e o vinculará para todos os efeitos, garantido ao Administrado recurso à instância superior humana.

Art. 339. O silêncio administrativo no processo de licenciamento, em situações de baixo risco, poderá gerar direito à licença desde que expressamente autorizado em lei ou legislação autônoma, não cabendo nos demais casos.

Parágrafo único. O atraso injustificado poderá gerar responsabilidade funcional e incidência dos controles judicial e administrativo.

Capítulo IV – Dos Processos Administrativos de Outorga de Direitos

Art. 340. Considera-se processo de outorga de direitos aquele ao qual o titular interessado, que pode ser particular pessoa física ou jurídica ou agente público, busca obter direito perante a Administração Pública que não seja consistente em aprovação ou licença de polícia ou autorização.

Art. 341. A autoridade decisória do processo é aquela indicada pela legislação administrativa ou em legislação autônoma para a instrução de processos administrativos desta natureza.

Art. 342. O processo de outorga de direitos poderá iniciar mediante requerimento do interessado, de ofício pela Administração Pública, tendo impulso oficial e, ainda, ser totalmente automatizado, mesmo que seja iniciado por particular.

Art. 343. O interessado terá ciência de todos os passos do processo, na forma de intimação pessoal ou por correios, os quais conterão a natureza do ato, seu conteúdo, a data e a hora de sua realização ou, ainda, mediante adesão à plataforma geral de governo digital, ou em plataforma específica para o direito postulado ou geral de governo digital, mediante recebimento de comunicação, que será considerada válida se realizada a comunicação com o elemento local da plataforma, mesmo que não tenha sido aberto o aplicativo correspondente.

Art. 344. O interessado poderá fazer-se substituir por advogado em processo de outorga de direitos.

Art. 345. O interessado terá direito a instruir o processo com documentos e fazer-se ouvir perante a autoridade decisória.

Art. 346. Além do requerimento inicial de abertura do processo, a parte interessada, ao final do processo, terá oportunidade de fazer-se manifestar mediante documento escrito anexado aos autos e juntar manifestação em vídeo ou apresentação simplificada.

Art. 347. Nos termos da legislação administrativa, poderão ser deferidos direitos de ofício.

Art. 348. A cada grupo de provas ou documentação juntada ao processo pela Administração Pública, a parte terá oportunidade de manifestar-se.

Art. 349. Da decisão final, mesmo que automatizada, caberão pelo menos dois níveis de recurso hierárquico, os quais serão oportunizados mediante ciência inequívoca à parte, que terá dez dias para apresentar cada um dos recursos.

§1º Além dos recursos hierárquicos, cabem pedidos de reconsideração e embargos declaratórios, ambos no prazo de cinco dias e que têm por objetivo o esclarecimento de aspecto obscuro ou contraditório da decisão.

§2º Na ausência de indicação de superior hierárquico, os recursos serão decididos pelo chefe do Órgão e pelo Ministro ou Secretário, respectivamente, os quais terão trinta dias para emitir decisão, a qual confirmará a decisão das instâncias inferiores, determinará a prolação de nova decisão ou deferirá o direito postulado pela parte.

Art. 350. Poderão existir, nos termos de legislação administrativa autônoma, processos coletivos de outorga de direitos.

Art. 351. Terão prioridade nos processos administrativos de outorga de direitos as pessoas com deficiência, com idade igual ou superior a sessenta anos, ou possuidora de doença a quem a legislação de imposto de renda confira isenção.

Parágrafo único. A prioridade dar-se-á com mera comunicação ou indicação em plataforma de governo digital.

Capítulo V – Dos Processos Administrativos Competitivos

Art. 352. Consideram-se processos administrativos competitivos:
I – concursos públicos para cargos efetivos e empregos públicos;
II – seleções públicas para funções temporárias;
III – licitações públicas para aquisição de bens, serviços, obras, serviços de engenharia, alienação de bens públicos e concessões e permissões de serviços públicos e de bens públicos;
IV – estabelecimento de parcerias, sob qualquer denominação, com a sociedade civil.

Art. 353. Os processos competitivos são regidos pela vinculação ao edital, à escolha da melhor proposta ou candidato para as finalidades das políticas públicas, igualdade de oportunidades, competitividade e segregação de funções.

Art. 354. Os concursos públicos para seleção de pessoal, assim como as nomeações e promoções, não poderão discriminar indevidamente, sendo assim consideradas aquelas que façam distinções com base em:

I – naturalidade;

II – aparência ou formas de expressão, como cabelos, roupas e tatuagens;

III – doenças, gravidez ou características físicas;

IV – gênero biológico, expressão de gênero e orientação de gênero;

V – origem, etnia, religião ou grupo cultural;

V – idade, altura e massa corporal.

Parágrafo único. Os concursos públicos para cargos militares poderão estabelecer restrições de altura e idade, nos termos da lei.

Art. 355. As provas não poderão estabelecer conhecimento restrito a apenas moradores de determinada localidade, ou que sejam de uso específico de determinado órgão, e que não façam parte do estado da arte daquele conhecimento.

Parágrafo único. O concurso público poderá abranger conhecimento sociogeográfico do local de exercício do cargo ou emprego, desde que tal conhecimento seja acessível aos meios ordinários de pesquisa e estudo.

Art. 356. Caso o concurso público abranja conhecimentos específicos sobre tema que transcendam a mera interpretação de norma ou jurisprudência, deverão ser indicadas as fontes bibliográficas das quais é retirada a inspiração para a elaboração das questões de concurso, as quais serão em número razoável, de forma a não impossibilitar sua leitura.

Art. 357. Em caso de provas subjetivas escritas ou orais, a atribuição da nota será objetiva, mediante critérios impessoais, mas não necessariamente com padrões fechados, sendo fundamentação da nota posterior, mediante provocação.

Parágrafo único. As provas orais são gravadas e disponibilizadas a qualquer interessado ou mediante transparência ativa, podendo também o candidato gravar sua própria prova, desde que por meios discretos e que não atrapalhem o processo seletivo.

Art. 358. A Administração Pública não poderá recusar posse a nomeado a cargo, emprego ou função pública por motivo de doença ou gravidez, devendo os respectivos exames ficarem registrados para fins funcionais e previdenciários.

Art. 359. Os editais de concursos públicos deverão prever:

I – as regras de procedimento do concurso, inclusive a eventual inclusão de nova legislação posteriormente editada;

II – os requisitos de investidura, correspondentes àquelas da lei;

III – eventuais cotas, conforme legislação do ente federativo, as quais serão levadas a cálculo inclusive para efeitos de promoção e remoção;

IV – o quantitativo de vagas disponíveis, o percentual de possível aproveitamento de aprovados, e, no caso de cadastro de reserva, o quantitativo de vagas disponíveis para efetiva nomeação e o quantitativo de possível aproveitamento de aprovados, que não poderá ser superior a três vezes o número de vagas;

V – o impedimento de participação no concurso de qualquer parente, por consanguinidade ou afinidade, até o terceiro grau, inclusive, de agente público com poder de decisão e conhecimento sobre o concurso ou privado participante da organização e execução de concurso público.

Art. 360. Caso o mesmo órgão organizador ou destinatário do concurso ofereça cursos de preparação, estes deverão ser acessíveis a qualquer participante por meios presenciais e obrigatoriamente remotos, sendo os professores impedidos de participarem do concurso.

Parágrafo único. Considera-se órgão organizador ou destinatário também as associações ou sindicatos profissionais de categorias públicas que ofereçam eventuais cursos de preparação.

Art. 361. A nota atribuída a título não superará vinte por cento da composição da nota, salvo para cargos, empregos e funções de pesquisador e professor.

Art. 362. Não poderá consistir título o trabalho em determinado órgão, sendo permitida sua valorização apenas em uma grande área do conhecimento ou da Administração.

Art. 363. Não tomará posse aquele aprovado em concurso público que, na data da posse, tiver idade superior àquela estipulada para a aposentadoria compulsória.

Art. 364. Poderão ser criados concursos unificados no âmbito da Administração Direta, à qual poderão aderir outros poderes e outras entidades da Administração Indireta.

Parágrafo único. Ente federativo diverso poderá aderir a concurso unificado de outro ente federativo para fins de suprimento das vagas de cargos e empregos públicos.

Art. 365. Em situações de gravidez ou doença, eventual teste de aptidão física deverá ser remarcado, em vista de atestado médico.

Art. 366. A Administração Pública será subsidiariamente responsável pela perda da chance, caso a empresa organizadora de concurso atue com dolo.

Art. 367. As licitações públicas são regidas por lei própria e serão planejadas em virtude das necessidades das políticas públicas, de modo a prover sua implementação.

Art. 368. Os órgãos e unidades planejadores e executores das políticas públicas articular-se-ão com as unidades e escritórios de contratação, de modo que seja realizado plano de contratação visando à implementação dos programas das políticas e o funcionamento dos instrumentos de políticas públicas presentes neste Código.

Art. 369. Poderá o superior hierárquico, até a assinatura do contrato, revogar de modo fundamentado a licitação, sem direito à indenização para os competidores, inclusive com motivação de comprovado envolvimento do competidor com ilícitos, em outros processos administrativos ou judiciais.

Art. 370. A licitação poderá ser anulada, por motivo de ilegalidade, sem indenização para os competidores, sendo que, em caso de grave comprometimento de prestação de política pública, poderá o órgão ou unidade executora permitir, provisoriamente, em regime de urgência e de forma limitada, a entrega de bens ou execução de serviços pelo vencedor, com sua concordância, e também caso o competidor vencedor não tenha dado causa à nulidade, fazendo-se registro no processo licitatório e estabelecendo novas condições proporcionais de pagamento, porém assemelhadas à proposta vencedora no processo originário.

Art. 371. São discriminações indevidas nas licitações:

I – naturalidade dos proprietários da empresa ou local de sua fundação ou sede;

II – local da prestação dos serviços, produção dos bens, obtenção de insumos ou contratação de funcionários;

III – naturalidade, etnia, religião, gênero biológico, expressão de gênero ou orientação afetiva de proprietários e funcionários;

IV – local ou natureza das matérias-primas;

V – vinculações com outras empresas;

VI – experiência prévia com tipo específico de entidade da Administração Pública;

VII – certificações de qualidade, inclusive internacionais;

VIII – capital mínimo excessivo;

IX – qualificação técnica que exceda a existência de profissionais com graduação, salvo projetos especiais de engenharia ou contratação de soluções de tecnologia;

X – estipulação de detalhes no objeto da licitação que indiquem discriminação, pela sua desnecessidade;

XI – exigência de sede física;

XII – imposição de certidões inusuais, atestados ou documentos que só podem ser obtidos em entidades privadas específicas;

XIII – prazos exíguos para habilitação e apresentação das propostas.

§1º Será possível à Administração Pública realizar licitação voltada à micro e pequena empresa de determinada localidade, desde que compreenda também Municípios adjacentes, mediante proporções estabelecidas em legislação.

§2º Será lícita cláusula editalícia e contratual que estipule percentual de conteúdo local em licitações de grande repercussão ou volume.

§3º É lícita cláusula editalícia e contratual que preveja contratação de percentual de população vulnerável de determinada localidade, desde que se estenda também aos Municípios adjacentes.

Art. 372. A legislação de licitação poderá permitir, em casos específicos, a existência de mais de um vencedor com direito ao mesmo objeto da licitação.

Art. 373. As unidades federativas poderão aderir a escritórios de contratação ou procedimentos acessórios à licitação de outros entes federativos, mediante ato específico ou ainda de forma geral, mediante convênio.

Art. 374. Os processos de seleção de parceiros da sociedade civil para a prestação de serviços sociais, sob a forma de fomento, serão considerados competitivos diante da necessidade da escolha da melhor proposta ou parceiro para a Administração Pública, mesmo que o objeto seja entregue de forma exclusiva ou exista um único parceiro, aplicadas as disposições deste Código sobre licitação ao chamamento público ou aos processos de credenciamento de parceiros privados.

Art. 375. A Administração Pública velará para que atividade dos parceiros privados da sociedade civil não seja travestida de lógica empresarial, caso em que a entidade privada será excluída do certame.

Art. 376. Os parceiros privados, na prestação de serviços sociais fomentados, não poderão administrar área de mais de dez Municípios em caso de serviços estaduais ou mais de três Estados em caso de serviços sociais federais.

Parágrafo único. A Administração Pública velará para evitar que entidades burlem as regras mediante participação interposta ou fictícia de entidade empresarial, inclusive com desconsideração da pessoa jurídica.

Art. 377. Os processos competitivos serão transparentes e divulgados e processados em tempo real em plataformas de governo digital.

Art. 378. Os processos competitivos devem prever, em caso de relevância da contratação, audiências públicas com a comunidade e interessados.

Art. 379. Todos os processos competitivos preverão oportunidade e prazo de recurso após a divulgação do edital, para a impugnação de suas cláusulas, assim como oportunidades e prazos de recurso para os interessados, durante o andamento dos processos.

Art. 380. As entidades representativas da sociedade civil poderão manifestar interesse em que a Administração Pública realize processo competitivo, requerimento este que será respondido de forma fundamentada.

Capítulo VI – Dos Processos Administrativos Sancionadores

Art. 381. Considera-se processo administrativo sancionador aquele voltado à aplicação justa e impessoal das diferentes sanções administrativas previstas na legislação, a ser aplicado por órgão da Administração Pública.

Parágrafo único. Considera-se sanção administrativa qualquer punição que não decorra de processo judicial de natureza civil, administrativa ou penal.

Art. 382. São processos administrativos sancionadores os decorrentes da aplicação de sanções que decorrem de:

I – poder de polícia;

II – poder disciplinar aplicável aos agentes públicos;

III – ações vinculadas a infrações no processo licitatório e nos contratos administrativos;

IV – legislação anticorrupção;

V – controladores.

Art. 383. São princípios do Direito Administrativo sancionador e seu processo:

I – legalidade dos processos administrativos, da definição dos tipos e das medidas cautelares e sanções aplicáveis;
II – tipicidade;
III – contraditório e ampla defesa;
IV – impessoalidade;
V – igualdade;
VI – razoabilidade e proporcionalidade;
VII – dignidade da pessoa humana;
VIII – não discriminação;
IX – vinculação com as políticas públicas.

Art. 384. Quando se tratar de poder de polícia, as normas desta seção serão interpretadas e aplicadas em conjunto com as normas relacionadas a poder de polícia presentes neste Código.

Art. 385. A legalidade dos processos sancionatórios tem por conteúdo ou a disciplina exaustiva, ou parcial da lei do ente federativo, sempre com possibilidade de regulamentação pela Administração Pública, assim como organização e detalhamento do procedimento administrativo mediante legislação autônoma da Administração Pública.

Art. 386. A legalidade dos tipos e sanções implica a previsão exaustiva ou parcial em lei, ou, ainda, a delegação à legislação autônoma para a sua definição, mediante cláusula geral.

Art. 387. Entende-se por tipicidade a formulação das condutas sancionadas em norma, a qual será elaborada de forma que compreenda as circunstâncias pessoais, de tempo, modo e lugar que compõem a conduta proibida ou restrita, com generalidade suficiente para a aplicação a diversas situações de fato e tempo diferentes.

Parágrafo único. Será dada preferência ao uso da técnica jurídica, podendo ser utilizados termos jurídicos abertos, porém não totalmente indeterminados, na definição dos tipos proibitivos ou restritivos.

Art. 388. A impessoalidade consiste na padronização dos procedimentos, e a igualdade consubstancia-se na consistência de aplicação das sanções, em desconsideração às características peculiares do particular, salvo disposto em legislação.

Art. 389. A razoabilidade e proporcionalidade têm lugar quando a legislação permite a escolha de gradações de sanção, ou aplicação de mais de uma sanção, devendo o agente público velar pela suficiência da punição e pela valorização do bem jurídico atingido, sem inviabilizar a recuperação do particular, conforme suas circunstâncias pessoais, possibilitando a solvência da sanção, sendo permitida a aplicação do princípio da insignificância.

Art. 390. A dignidade da pessoa humana impedirá a constituição e aplicação de sanções vexatórias, e a não discriminação impede que a legislação seja utilizada para a promoção de ações discriminatórias de qualquer tipo, velando-se pelas liberdades pessoais de consciência, livre manifestação do pensamento, intimidade e outros direitos fundamentais.

Art. 391. Os processos sancionatórios justificam-se e serão utilizados na medida em que servirem a objetivos de políticas públicas.

Art. 392. O ato administrativo sancionador poderá ser anulado, caso não sejam observados a competência, a forma, a finalidade, a motivação e o objeto estabelecidos em lei ou regulamento.

Parágrafo único. Poderão ser convalidados pelo superior hierárquico vícios de forma no processo sancionador que não estejam relacionados com o conhecimento e a defesa do interessado.

Art. 393. As sanções e medidas cautelares administrativas de polícia são as descritas neste Código na seção específica e são inerentes ao poder de polícia, salvo no caso de sanção ou medida cautelar inovadora, a qual deverá ser prevista em lei, sendo que definição do poder de polícia e suas sanções segue o disposto neste Código, no capítulo correspondente.

Art. 394. São fases do processo administrativo decorrente do poder de polícia:

I – auto de infração e simultânea abertura de processo administrativo;

II – eventual aplicação de medida cautelar administrativa;

III – ciência ao interessado para defesa, com apresentação de provas;

IV – decisão sancionadora;

V – constituição da sanção pecuniária e início de sua cobrança, e aplicação de outras medidas administrativas;

VI – recurso.

Parágrafo único. A constituição da sanção pecuniária poderá ocorrer logo após a ciência do interessado, com contraditório diferido, mediante previsão em legislação.

Art. 395. O processo administrativo de aplicação das sanções decorrentes do poder de polícia correrá de ofício e poderá ter contraditório diferido.

Art. 396. O processo de aplicação de sanção de polícia iniciará com auto de infração, que poderá consistir em formulário digital simplificado e preenchido de forma automatizada, de maneira textual, imagética ou uma combinação de ambos.

Parágrafo único. O auto de infração é a peça inicial de processo administrativo, que seguirá os parâmetros deste Código, mesmo nas situações de sanções simplificadas.

Art. 397. Considera-se autoridade sancionadora o conjunto de servidores indicado por lei ou ato normativo administrativo, dentro do órgão, unidade administrativa ou entidade legalmente competente, para a fixação da sanção decorrente do poder de polícia.

Parágrafo único. A aplicação da sanção de polícia não depende de homologação de autoridade superior, salvo casos especificados em regulamento ou legislação autônoma.

Art. 398. Após a lavratura do auto de infração, a autoridade poderá tomar medidas cautelares, mediante contraditório antecipado ou diferido.

Art. 399. Após a lavratura de auto de infração, a parte será notificada para apresentar defesa, na forma da Lei, regulamento ou norma administrativa autônoma do órgão ou entidade.

Art. 400. A notificação e seu processo poderão ocorrer em plataforma de governo digital, considerando-se recebida a notificação pela abertura da plataforma ou pelo decurso de certo prazo, garantida a comunicação com elemento local de plataforma de governo digital.

Art. 401. Em caso de silêncio do particular, ou, ainda, de julgamento desfavorável, será prontamente enviada ao particular a sanção pecuniária constituída ou aplicada a medida administrativa correspondente.

Parágrafo único. Em caso de ausência de defesa, nos termos da legislação, poderá ser suprimida a necessidade de decisão formal sancionatória, enviando-se notificação de pagamento ou aplicação de sanção logo após o decurso do prazo.

Art. 402. O particular, mediante sua primeira ciência, poderá aceitar prontamente a aplicação da sanção, com vantagens econômicas, ou de outra ordem, previstas em legislação autônoma.

Art. 403. Conforme definido em lei, regulamento ou legislação autônoma da Administração, o processo poderá ter contraditório diferido, comunicando-se o particular da sanção já constituída sendo oportunizada, posteriormente, sua defesa.

Art. 404. Mediante opção expressa do particular, com deferimento de certas vantagens, poderá existir sistema de desconto direto de sanções de polícia em estabelecimento bancário ou assemelhado.

Art. 405. Em caso de aplicação de poder de polícia entre entes federativos, os pagamentos poderão obter a forma de compensações regidas pela contabilidade pública.

Art. 406. A aplicação de sanção de polícia comportará embargos de declaração e pedido de reconsideração, no prazo de cinco dias, devendo ser julgados em dez dias, dois níveis hierárquicos de recurso, com prazos de recurso a serem apresentados em dez dias, com prazos de resolução de trinta dias.

Parágrafo único. O julgamento dos recursos poderá se dar com auxílio de automação ou inteligência artificial.

Art. 407. Aplicam-se as fases e normas relacionadas à aplicação do poder de polícia às sanções decorrentes de descumprimento de norma em processo competitivo e licitação, inclusive com possibilidade de contraditório diferido.

Art. 408. O processo de aplicação de sanção disciplinar seguirá o disposto na lei de regência do agente público específico e do ente federativo, salvo no caso de remissão específica.

Art. 409. Em todo o caso, poderão existir sindicâncias punitivas e investigativas, e procedimentos disciplinares simplificados e completos, os quais serão abertos por portaria da autoridade superior, que indicará os membros da comissão processante, que poderá, a depender da legislação autônoma, ser singular, e que, após processo ao qual será garantido total contraditório e ampla defesa, formará relatório com sugestão de absolvição ou aplicação de penalidade, o qual será levado à autoridade julgadora.

§1º A autoridade julgadora poderá manifestar adesão simples ao relatório, ou, em caso de conclusão diversa, fundamentará sua decisão.

§2º Poderão ser utilizados processos automatizados ou de inteligência artificial para a sugestão de resultado ou, ainda, para a geração do texto do relatório e da decisão da autoridade, o que será considerado válido, se individualizado e revisado para as particularidades do caso.

Art. 410. A lei poderá disciplinar exaustiva ou parcialmente o processo disciplinar, seus tipos e sanções, ao qual sempre será possível o detalhamento via regulamento, ou poderá a lei delegar à legislação autônoma do ente federativo a forma do processo disciplinar, seus tipos e sanções aplicáveis.

Art. 411. A Administração Pública poderá concentrar a aplicação de sanções disciplinares em órgão específico, que poderá ser de gestão de pessoal ou consistir em corregedorias.

Parágrafo único. Mediante convênio, ente federativo ou entidade da Administração Indireta, poder-se-á delegar o processamento do processo administrativo disciplinar a órgão de outro ente federativo, devendo a decisão de acatamento de relatório da comissão ser realizada pela autoridade local.

Art. 412. A aplicação de sanção disciplinar comportará embargos de declaração e pedido de reconsideração, no prazo de cinco dias, devendo ser julgados em dez dias, existindo dois níveis hierárquicos de recurso, com prazos de recurso a serem apresentados em dez dias, com prazos de resolução de trinta dias.

Art. 413. Em caso de processos disciplinares relacionados a fatos com vítimas, estas ou sua família terão garantida a oportunidade de manifestação no processo.

Art. 414. Caso os danos tenham sido à comunidade e a direitos coletivos e difusos, as entidades representativas da sociedade civil também terão direito à manifestação no processo.

Art. 415. O processo sancionatório relativo à legislação anticorrupção rege-se pela lei própria, aplicando-se as disposições desta seção no que for cabível.

Art. 416. O processo sancionatório relativo à legislação econômica rege-se pela lei própria, aplicando-se as disposições desta seção no que for cabível e, ainda, às penalidades aplicadas pelos Estados-Membros e Distrito Federal, com aplicação complementar das normas relacionadas ao poder de polícia.

Art. 417. As infrações à probidade administrativa são regidas por lei própria e serão punidas mediante processo judicial, aplicando-se, no que couber, os princípios previstos neste Código, cujos significados também servirão para a interpretação da legislação administrativa, quando da aplicação das normas de probidade administrativa via judicial.

Capítulo VII – Do Direito de Petição

Art. 418. Qualquer direito ou interesse poderá ser postulado administrativamente perante a Administração Pública Direta e Indireta de qualquer dos poderes, órgãos e unidades administrativas da Administração Federal, Estadual, Municipal ou Distrital, ou perante executores privados e parceiros prestadores de políticas públicas, de forma individual ou coletiva, presencial, digital ou física.

Art. 419. A petição, que deverá ser escrita, indicará o órgão, ou unidade, ao qual é direcionada, o pedido e a identificação do requerente, podendo trazer questões de fato e de direito, sendo a assistência por advogado facultativa.

Parágrafo único. Em casos emergenciais e de pequena repercussão, admitir-se-á o exercício do direito de petição por meios informais, tais como o uso de redes sociais.

Art. 420. A decisão, que deverá ser proferida no prazo máximo de trinta dias, terá como conteúdo mínimo:

I – as razões de fato e de Direito que embasam o deferimento ou indeferimento do pedido, inclusive motivações de ordem política e orçamentária;

II – o prazo e os procedimentos para a realização do pedido, em caso de deferimento em que não seja possível o imediato cumprimento;

III – a probabilidade de realização do pedido em outra data, caso a decisão seja pelo indeferimento.

IV – o órgão competente para o direcionamento do direito do pedido, caso o órgão recebedor da petição não seja o competente para a decisão da questão.

Art. 421. O exercício do direito de petição será gratuito e seu deferimento gerará direito subjetivo em caso de prestações de serviços públicos.

LIVRO III – DO DIREITO ADMINISTRATIVO ORGANIZACIONAL

Capítulo I – Das Normas Gerais

Art. 422. Considera-se modelo organizacional o complexo de órgãos, unidades administrativas e entidades empregadas na realização das políticas públicas.

Art. 423. O formulador da política pública poderá, para fins de realizar as finalidades das políticas públicas, valer-se apenas da Administração Direta, ou também criar entidades da Administração Indireta e, finalmente, utilizar-se de parcerias com privados nas diversas formas presentes neste Código.

Parágrafo único. Minimamente, as políticas públicas estão vinculadas a um ministério ou secretaria, que não precisa ser especializado em uma política específica.

Art. 424. Os órgãos serão criados por lei ordinária, incluindo medida provisória, cujo conteúdo deverá normatizar preferencialmente:

I – a denominação, espécie e finalidade do órgão;

II – a competência e poderes do órgão;

III – o grau de autonomia;

IV – a indicação de conexão com a política pública respectiva;

V – o quantitativo e a indicação dos cargos a serem empregados no funcionamento do órgão.

§1º A criação de órgão poderá estar incluída em lei disciplinadora de políticas públicas.

§2º A lei que criar órgãos poderá, também, criar cargos e empregos e normatizar as competências e remuneração dos agentes, além de fixar plano de carreira.

Art. 425. Consideram-se unidades administrativas as divisões internas dos órgãos, as quais podem se dar por território, por matéria, espécie ou hierarquia, sendo seu veículo normativo de criação lei, decreto, portaria ou outras formas de legislação autônoma da Administração.

Art. 426. Os órgãos ou entidades da Administração Direta e Indireta poderão ser divididos nas seguintes unidades administrativas:

I – superintendências ou delegacias regionais, locais ou setoriais, para fins de divisão territorial ou setorial de determinado órgão;

II – departamentos, para fins de especialização por matéria, área de atuação, por processo ou território;

III – setores, para fins de maior especialização, gerando unidades de atuação;

IV – secretarias, com a finalidade de atividades de suporte aos setores e departamentos;

V – escritórios, cuja atribuição será a da realização de serviços técnicos especializados, como os serviços de concentração de contratações e de projetos de inovação;

VI – conselhos, com finalidades normativas, decisórias, de monitoramento, avaliação, consultoria e assessoramento.

§1º Mediante legislação autônoma do órgão, as unidades administrativas poderão ter divisões internas em outras unidades administrativas.

§2º Poderão ser adotadas outras denominações para as unidades administrativas.

Art. 427. Mediante legislação autônoma, órgãos, unidades e entidades, poderão se valer de setores, secretarias e escritórios de outros órgãos, unidades ou entidades do mesmo ente federativo.

Art. 428. O ato normativo que criar a unidade administrativa disporá sobre:

I – denominação, espécie e finalidade da unidade administrativa;

II – competência da unidade administrativa e sua finalidade, que pode ser de gestão, planejamento, controle ou execução, além da possível divisão territorial ou por especialização temática;

III – a distribuição dos cargos, empregos e funções nas unidades.

Parágrafo único. Órgãos ou unidades voltados primariamente à execução poderão ter unidades internas de gestão, planejamento e controle.

Art. 429. A presidência, diretoria ou gerência do órgão, o controle interno, os escritórios de contratação, as secretarias e os conselhos constituirão unidades dos órgãos ou de outras unidades administrativas, sendo disciplinadas por legislação autônoma da Administração Pública.

Art. 430. A competência estabelece o poder-dever obrigatório, imprescritível e intransferível de realizar tarefas e atividades de planejamento, formulação, implementação e avaliação das políticas públicas.

Art. 431. Para órgãos e entidades da Administração Indireta, a competência será regida pelas seguintes disposições:

I – a lei indicará a competência do órgão ou entidade, sendo seus poderes explícitos ou inerentes à realização da competência e podendo, de todo modo, serem detalhados via regulamento;

II – a competência delimita a especialidade temática do órgão ou unidade, a sua base territorial, assim como o tipo de ato possível de ser realizado;

III – a interpretação da competência dá-se, também, pela ligação com a finalidade da entidade da Administração Indireta.

Parágrafo único. O órgão ou a unidade poderão ou não ter competência territorial, atuando em todo território nacional indistintamente, ou em Estado ou Município, conforme o caso do ente federativo.

Art. 432. Para as unidades administrativas, criadas por legislação autônoma da Administração, a competência é regida pelas seguintes disposições:

I – a competência estará limitada pela competência legislativa estabelecida legalmente para o órgão, mas será aquela necessária e suficiente para a realização de sua finalidade;

II – a interpretação da competência será atribuída conforme a finalidade da unidade e do órgão ao qual ela pertence.

Art. 433. Os fundos serão considerados órgãos públicos ou, se estiverem vinculados a órgãos, serão considerados unidades administrativas, ou, finalmente, podem revestir-se das formas de Administração Indireta.

Art. 434. O regime próprio de previdência poderá revestir-se da forma de órgão público, unidade administrativa ou entidade da Administração Indireta.

Art. 435. Para as unidades administrativas e suas subdivisões, a competência será fixada por decreto, resolução, portaria ou outra forma de legislação autônoma.

Art. 436. O estabelecimento das subdivisões de unidades administrativas inferiores poderá se dar por legislação autônoma da unidade superior ou da própria unidade.

Art. 437. Para os agentes e equipes, a competência será regida pelas seguintes disposições:

I – a competência fixada em Lei não exclui aquela inerente à natureza do cargo e poderá ser disciplinada por regulamento geral para toda a carreira ou por ato normativo específico, voltado aos agentes daquele órgão ou unidade;

II – a competência atribui o campo de tarefas possíveis de serem designadas a certo agente, dentro da competência do órgão, unidade ou entidade e conforme a qualificação do agente público;

III – caso o processo de trabalho se dê pelo foco em resultado ou entrega, a competência abrangerá todos os atos necessários à realização do resultado, desde que sem prejuízo para a moralidade ou impessoalidade administrativa.

§1º A supervisão do órgão, unidade ou entidade zelará para que os agentes atuem dentro do seu campo de competência.

§2º A tomada de decisão, consistente em ato administrativo que suplantar competência, será considerada nula, salvo nos casos de processos ordinatórios, em que será convalidada pela autoridade competente ou superior, ou naqueles em que, consistindo em atribuição de direito, puder ser convalidada pela autoridade competente.

§3º Caso o órgão ou unidade administrativa não seja dividido territorialmente, qualquer agente poderá realizar a competência, nos termos de legislação autônoma.

Art. 438. Mediante ato normativo, a Administração Pública poderá criar equipes de agentes, as quais poderão ser tematizadas por região ou especialização em determinada matéria, e que poderão ser responsáveis pela finalização da totalidade de processo administrativo, ou de parte.

§1º As equipes poderão distribuir competências internamente, mas, externamente, serão vistas como uma só unidade, podendo qualquer agente designado realizar as competências da equipe.

§2º As equipes podem ser, conforme o caso, formadas por agentes de órgãos, unidades, departamentos e entidades diferentes, inclusive em termos de hierarquia.

Art. 439. São espécies de órgãos, unidades administrativas ou entidades:

I – gestão, considerados como tais aqueles responsáveis pela liderança e organização das políticas públicas;

II – planejamento, conceituado como aquele cuja competência consiste na elaboração de planos, programas e projetos para as políticas públicas;

III – regulação, entendida como os órgãos com competência para a criação de normas regulatórias;

IV – monitoramento e controle, referidos assim por sua competência para a revisão, avaliação e eventual substituição de atos dos demais órgãos e unidades da Administração Pública;

V – execução, concebida para a prestação de serviços públicos, exercício do poder de polícia ou execução de outros instrumentos de políticas públicas;

VI – assessoria, com competência voltada à prestação de subsídios políticos, técnicos ou jurídicos à Administração Pública;

VII – apoio operacional, com competência voltada à viabilização da Administração Pública por meio de atividades administrativas ordinatórias, como a gestão do patrimônio e a realização de contratações;

VIII – apoio administrativo, cuja competência é orientada à implementação das condições materiais e acessórias ao funcionamento da Administração;

IX – consultivos, com atribuição de prestação de subsídios políticos à gestão e planejamento das políticas públicas;

X – normativos, com capacidade para a criação de atos normativos.

Parágrafo único. Os órgãos, unidades e entidades da Administração Indireta podem ter natureza mista, conforme a competência a eles estipulada.

Art. 440. A rotina administrativa implica a tomada continuada de decisões dentro de feixe de competências, determinadas a partir de uma tarefa, sob a forma de ato administrativo, dentro de processos administrativos, os quais são regidos pelas normas de Direito Público, e que serão realizadas através de atividades administrativas.

Art. 441. O agente público ou unidade receberá ou atribuirá tarefas a si mesmo, registrando suas atividades em processo administrativo, conforme sua competência.

Art. 442. A hierarquia aplica-se tanto a órgãos, unidades administrativas, departamentos, setores, agentes, como finalmente a equipes, em relação de superioridade com outro órgão, unidade administrativa, departamento, setor, agente ou equipe.

Art. 443. A hierarquia, quando ocorrer entre órgãos, ou órgãos para com departamentos, ou departamentos para com setores, secretarias e escritórios, rege-se pelas seguintes disposições, podendo o órgão ou unidade superior:

I – supervisionar as atividades realizadas e o alcance das metas, mediante exame direto ou indireto, dos órgãos e unidades subordinadas;

II – atribuir tarefas, a concretização de determinado resultado ou a entrega de determinada prestação ao órgão ou unidade subordinada;

III – delegar atribuições a outros órgãos ou unidades, inferiores ou não, desde que não sejam competências exclusivas ou normativas, ou avocar atribuições de unidades inferiores;

IV – estabelecer decisões coordenadas de desempenho;

V – delimitar as linhas gerais do planejamento da unidade gestora ou da unidade subordinada, em coordenação ou não;

VI – fixar diretrizes de publicidade, inclusive no ambiente virtual, e de relações públicas;

VII – receber e encaminhar as necessidades de aquisição e gestão de bens, orçamento e gestão de pessoal dos órgãos ou unidades subordinadas;

VIII – realizar avaliações e auditorias periódicas, tanto no aspecto da legalidade, como no da dimensão da obtenção de resultados e metas de políticas públicas.

Parágrafo único. Não poderá ser avocada a competência definida em lei como exclusiva de determinado órgão, ou que lhe seja inerente a suas funções e competência.

Art. 444. A hierarquia entre agentes rege-se pelas seguintes disposições, podendo o superior:

I – supervisionar os meios, a qualidade e os resultados dos subordinados, de forma presencial ou remota síncrona ou assíncrona;

II – atribuir tarefas diretamente ao subordinado, dentro das respectivas esferas de atribuição, ficando tudo registrado em processo administrativo, salvo em tarefas de baixa repercussão e pronto atendimento;

III – convocar reuniões periódicas, dentro da necessidade do serviço;

IV – delegar ou avocar atribuições, salvo nos casos de competências fixadas expressamente como exclusivas;

V – convalidar atos do subordinado;

VI – gerir a forma de trabalho, inclusive remoto, nos termos de legislação autônoma;

VII – anular ou revogar atos do subordinado, nos casos taxativamente previstos em lei ou legislação autônoma da Administração;

VIII – homologar atos do subordinado, nos casos taxativamente previstos em lei ou legislação autônoma da Administração;

IX – distribuir as gratificações por chefia ou assessoramento, na forma da lei, e eventuais benefícios por produtividade, inclusive aumento de dias de descanso.

X – zelar pelo cumprimento tanto das normas disciplinares como das normas operacionais e de segurança do trabalho;

XI – orientar quanto ao cumprimento das normas éticas, na medida em que a urbanidade, a discrição e a moralidade o permitirem.

Art. 445. As relações de hierarquia entre órgãos, entre órgãos e unidades, entre unidades, e entre agentes dão-se entre o superior imediato e o subordinado, podendo a lei ou regulamento estabelecer hierarquia com órgão, unidade ou autoridade diversa para todas ou algumas decisões.

Art. 446. As relações de hierarquia e competência poderão se dar dentro de um órgão, unidade ou agente com uma equipe de agentes, podendo existir hierarquia dentro da equipe.

Art. 447. Um órgão, unidade administrativa, equipe ou agente poderá delegar total ou parcialmente atribuições legalmente previstas a outro órgão, unidade administrativa ou agente, de igual ou inferior hierarquia, tanto de forma geral como para certos atos.

Parágrafo único. A delegação terá a forma de ato administrativo normativo ou individual, conforme a hierarquia do órgão, unidade ou agente delegante.

Art. 448. Uma unidade de órgão ou agente poderá avocar atribuições legalmente previstas a outro órgão, unidade ou agente de inferior hierarquia, para certos atos, sem esgotar a competência do avocado ou para um ato específico.

Parágrafo único. A avocação terá a forma de ato infralegal de caráter normativo, conforme a hierarquia do órgão, unidade ou agente avocante.

Art. 449. Considera-se decisão do órgão a decisão do agente quando este está legalmente investido e no exercício atual e circunstancial das suas funções.

Parágrafo único. Será protegida a boa-fé de terceiro quando, por falha da Administração, terceiro se apresentar como agente público, considerando-se falha aquela sobre a qual agentes da Administração sabem ou poderiam saber mediante diligência ordinária a falsidade da atuação.

Art. 450. A Lei, ato normativo da Administração ou motivos de relevância e celeridade poderão exigir, para certas situações, decisão coordenada entre órgãos da Administração Direta, do mesmo ou outro ente federativo, unidades ou entidades da Administração Indireta, com finalidade de simplificação do processo administrativo mediante a participação simultânea de unidades e autoridades dos elementos administrativos mencionados anteriormente.

Parágrafo único. Os órgãos ou unidades hierarquicamente superiores poderão determinar aos órgãos ou unidades inferiores que realizem decisão coordenada.

Art. 451. Considera-se atendido o dever de realizar competência de todos os órgãos, unidades e entidades que participarem da decisão administrativa coordenada.

Art. 452. A forma jurídica da decisão coordenada será aquela do órgão ou unidade de maior hierarquia participante da decisão coordenada e, quando envolver ente federativo diverso, mediante reprodução da decisão no ordenamento dos dois entes.

Art. 453. Poderá existir decisão coordenada com conteúdo normativo.

Art. 454. O regime jurídico da decisão coordenada será também utilizado para o estabelecimento de metas de desempenho e autonomia entre órgãos, unidades e entidades da Administração Indireta.

Art. 455. A decisão coordenada de desempenho, que será realizada entre órgão ou unidade supervisor e órgão, unidade ou entidade supervisionada, que se comprometem a determinadas entregas, mediante concessões de autonomias, poderá trazer as seguintes disposições:

I – fixação de metas de resultado ou entrega, que pode ser específica ou geral;

II – formas de comprovação das metas, assim como autoridades supervisoras;

III – prazos de vigência e formas de renovação;

IV – aumento do limite de despesas a serem realizadas sem autorização de órgão gestor de orçamento;

V – formação de banco de horas, com aumento do referido banco quando do alcance da meta ou entrega do resultado;
VI – aumento do percentual de teletrabalho;
VII – estabelecimento de relação direta, sem intermediação, com unidades superiores;
VIII – desvinculação de determinados poderes decorrentes da hierarquia;
IX – diminuição de formalidade de prestações de contas;
X – plano próprio de publicidade e propaganda.

Capítulo II – Da Administração Direta

Art. 456. A Administração Direta compreende a estrutura orgânica da União, dos Estados, dos Municípios e do Distrito Federal.

Art. 457. A Administração Direta compreende os Ministérios da União e Secretarias dos Estados, Municípios e Distrito Federal, assim como os órgãos e unidades subordinados, os quais podem ou não ser dotados de autonomia.

Parágrafo único. Os ministérios e secretarias, assim como os órgãos subordinados, serão divididos em unidades administrativas, nos termos de ato normativo, que poderá prever a divisão interna também em departamentos, setores, escritórios e secretarias.

Art. 458. Os órgãos da Advocacia Pública estão vinculados diretamente à chefia do Poder Executivo correspondente.

Art. 459. Consideram-se Administração Direta e serão regidos pelo Direito Público os Poderes Legislativos, os órgãos do Poder Judiciário, a Defensoria Pública e o Ministério Público, os quais possuem, de forma inerente, as competências para gerir seu orçamento, aquisição, gestão e disposição de bens e contratação e administração de pessoal, e que poderão criar suas unidades administrativas, mediante legislação autônoma.

§1º Os Tribunais de Contas possuem autonomia funcional e administrativa, estando inseridos na estrutura administrativa do Poder Legislativo.

§2º Os referidos órgãos poderão participar de concurso unificado, a ser organizado pelo Poder Executivo.

§3º Poderão os órgãos acordar com o Poder Executivo a gestão de certos elementos de administração de pessoal, em unidade ou órgão centralizado.

Capítulo III – Da Administração Indireta

Seção I – Das Disposições Gerais

Art. 460. As entidades da Administração Indireta constituem-se em pessoas jurídicas, com personalidade jurídica própria, e possuirão autonomia administrativa, nos termos deste Código, patrimônio e, eventualmente, receitas próprias.

Art. 461. As entidades da Administração Indireta serão criadas ou autorizadas mediante lei de iniciativa do Poder Executivo.

Art. 462. No que toca aos aspectos organizacionais, legislação autônoma das entidades poderá criar unidades setoriais e territoriais, entre outras subdivisões, como departamentos, setores e secretarias, assim como legislar e estabelecer procedimentos administrativos e a regulamentação finalística em geral.

Parágrafo único. A legislação autônoma das entidades da Administração Indireta obriga toda a Administração Pública, incluindo o Poder Judiciário e particulares.

Art. 463. Salvo no caso das associações públicas, as entidades da Administração Indireta estarão vinculadas à unidade federativa que as tenha criado, mesmo que exista participação de outro ente federativo, sob qualquer forma.

Art. 464. As entidades da Administração Indireta serão supervisionadas pelo ministério ou secretaria a que estão vinculadas, à chefia do Poder Executivo ou a ambos concorrentemente.

Parágrafo único. A supervisão implica as seguintes atribuições para a Administração Direta em relação à Indireta:

I – a escolha da totalidade ou da maioria dos membros dos órgãos diretivos;

II – o estabelecimento de diretrizes de atuação, metas e exigência de resultados;

III – a fixação da extensão e aumento das autonomias;

IV – a aprovação dos planos gerais de publicidade;

V – a confirmação e encaminhamento dos orçamentos anuais, se for o caso;

VI – o direito de receber relatórios financeiros, de procedimentos, de planos de divulgação, entre outros, mesmo que dentro das esferas de autonomia das entidades da Administração, e que serão divulgados em tempo real e mediante painéis de gestão, de todo modo.

Art. 465. Qualquer entidade da Administração Indireta poderá realizar decisão coordenada de desempenho com suas unidades internas ou entre a própria entidade e o ministério ou secretaria correspondente.

Art. 466. A inadimplência de entidade da Administração Indireta, seja de que natureza for, não gera responsabilidade subsidiária ou solidária para a Administração Direta, salvo se a unidade federativa for expressamente garantidora de contrato de financiamento ou de execução de obra ou parceria.

Seção II – Das Autarquias

Art. 467. As autarquias serão criadas por lei de iniciativa do Poder Executivo da União, Estados-Membros, Municípios e Distrito Federal, podendo realizar as seguintes funções, nos termos da lei criadora:

I – prestação de serviços públicos, incluindo serviços públicos sociais;

II – aplicação do poder de polícia;

III – gestão de bens públicos;

IV – instituição e aplicação de normas regulatórias;

V – fiscalização das profissões.

Parágrafo único. A lei que criar a autarquia estabelecerá a sua denominação, finalidade e normas gerais de competência e administração, as quais serão disciplinadas por regulamentos e legislação autônoma do ente criador e interna das respectivas entidades.

Art. 468. As autarquias serão destinatárias de receitas próprias específicas, que podem ou não ser instituídas ou cobradas pela própria autarquia.

Parágrafo único. As receitas próprias poderão advir da prestação de serviços, da instituição de tributos ou da aplicação de sanções, entre outras fontes.

Art. 469. As autarquias são regidas pelo Direito Público, nos seguintes termos, sem exclusão de outras normas:

I – total incidência dos princípios de Direito Público;

II – relação jurídico-administrativo em suas interações, analogamente à Administração Direta;

III – atos, processos e acordos regidos pelo Direito Público;

IV – organização interna e prerrogativas processuais nos termos do regime jurídico de Direito Público;

V – titularidade e gestão pública dos bens;

VI – prestação de contas e contabilidades públicas;

VII – admissão e gestão de pessoal regidas pelo Direito Público;

VIII – conexão com a política pública respectiva, sendo que a autarquia pode ter atuação em mais de uma política pública;

VIII – aplicação, quanto ao demais, das normas deste Código e das que regem a Administração Direta.

Art. 470. As autarquias serão consideradas comuns, agências e corporativas.

Parágrafo único. A adesão à decisão coordenada de desempenho, que pode ser realizada pelas autarquias comuns ou agências, não altera a denominação da autarquia.

Art. 471. As autarquias comuns serão preferencialmente denominadas de Instituto.

Art. 472. As autarquias serão divididas internamente em unidades administrativas, podendo utilizar, entre outros, os critérios territoriais e setoriais de divisão, mediante legislação autônoma da própria autarquia.

Art. 473. Ato normativo interno das autarquias disciplinará a distribuição dos cargos e empregos, inclusive funções gratificadas e cargos e comissão, e definirá a unidade e local de atuação.

Art. 474. As normas emanadas por autarquias de qualquer natureza obrigam toda a Administração Pública e, inclusive, particulares e Poder Judiciário, desde que em conformidade à lei.

Art. 475. As autarquias comuns serão regidas por diretoria, escolhida pelo ministro, secretário ou chefe do Poder Executivo correspondente, podendo ser constituída em presidente auxiliado por órgão colegiado, somente presidência ou consistir somente em órgão colegiado.

Art. 476. Serão consideradas agências reguladoras aquelas voltadas, primariamente, à edição e aplicação de normas regulatórias, mas que poderão, também, valer-se de outros instrumentos de políticas públicas, caracterizando-se por maior autonomia e direção integrada por conselho composto por conselheiros titulares de mandatos fixos.

Art. 477. Todas as autarquias poderão criar normas regulatórias para a realização de sua competência.

Art. 478. A menção genérica atribuindo competência para poder de polícia à autarquia autoriza a definição de tipos administrativos, suas sanções e seu processo na forma de legislação autônoma.

Art. 479. As agências reguladoras e comuns articularão seus planos estratégicos e de gestão em conformidade com o planejamento das políticas públicas.

Parágrafo único. O estudo de impacto regulatório, a ser elaborado pelas agências reguladoras, poderá ser dispensado se a medida estiver prevista e analisada no plano da política pública respectiva.

Art. 480. Tendo em vista questões de salubridade pública, ou surgimento de contingência econômica, as autarquias poderão ser criadas por medida provisória.

Art. 481. As autarquias corporativas, criadas por lei da União, de iniciativa presidencial ou parlamentar, terão seu quadro diretivo escolhido pelos membros da própria profissão, e serão regidas pelas seguintes normas:

I – gestão pelo regime de Direito Público;

II – contratação de empregados públicos via concurso público;

III – prestação de contas;

IV – realização de licitação pelas regras da Administração de Direito Público;

V – criação de normas de padronização e disciplina das profissões, conforme elevados padrões éticos e de conformidade com o estado da arte da ciência, não podendo as normas voltadas a uma determinada profissão regulamentarem a atividade de outras profissões;

VI – possibilidade de instituição de exames de admissão nas profissões regulamentadas;

VII – aplicação de penas de advertência, multa, suspensão e exclusão, mediante processo administrativo sancionador público com direito à ampla defesa;

VIII – impossibilidade de aplicação de sanções políticas;

IX – regramento da tutela de seus direitos, judicial ou administrativamente, nos termos deste Código;

X – a conformidade dos atos regulamentares das autarquias corporativas ao estado consagrado no estado da arte da ciência poderá ser objeto de controle judicial, assim como a extensão dos atos regulamentares em contraste com as atividades típicas das outras profissões, conforme critérios técnicos, inclusive internacionais.

Seção III – Das Fundações Públicas

Art. 482. As fundações públicas são de titularidade da União, Estados-Membros, Municípios e Distrito Federal, regendo-se ou pelo Direito Público ou pelo Direito Privado.

Art. 483. Serão consideradas Fundações Públicas de Direito Público as fundações criadas por lei, e cumprirão as seguintes funções:

I – prestação de serviços públicos sociais;

II – atuação na área da pesquisa, inovação, cultura, turismo e proteção do patrimônio histórico, cultural e paisagístico.

Art. 484. As fundações públicas de Direito Público criadas diretamente pela lei serão normatizadas pelo mesmo regime jurídico das autarquias, inclusive no que toca à sua divisão interna em unidades administrativas.

Art. 485. As normas criadas pelas fundações públicas de Direito Público obrigam também o Poder Judiciário e os particulares.

Art. 486. As Fundações Públicas de Direito Privado terão sua criação autorizada pela Lei e suas áreas de atuação serão definidas em lei complementar.

Parágrafo único. O estatuto da fundação estabelecerá a forma jurídica da fundação, assim como seus processos de decisão e organização interna.

Art. 487. As fundações públicas de Direito Privado serão regidas pelas seguintes normas:

I – realização de licitação e concurso público;

II – prestação de contas;

III – aplicação dos princípios da igualdade, impessoalidade, publicidade, eficiência e moralidade;

IV – regência pelo Direito Privado.

Parágrafo único. As fundações de apoio a instituições de ensino públicas serão consideradas fundações públicas de Direito Privado, sendo dispensada a realização de licitação para a realização de suas atividades finalísticas em qualquer caso, com manutenção de processo competitivo para a sua gestão ordinatória.

Seção IV – Das Associações Públicas

Art. 488. As associações públicas constituem-se a partir dos consórcios públicos, nos termos de lei específica.

Art. 489. As associações públicas atuarão em:

I – prestação direta de serviços públicos, inclusive serviços de educação, saúde, culturais, assistenciais, de recolhimento, coleta, tratamento e disposição final de resíduos sólidos e efluentes líquidos industriais e domésticos, assim como a coleta e tratamento de água para fins domésticos e industriais e sua distribuição, ou para a prestação de serviços públicos comunitários ou privativos, ou, ainda, para o oferecimento de serviços econômicos ou de conveniência;

II – aplicação do poder de polícia;

III – apoio administrativo ou subsidiário aos serviços prestados diretamente pelos entes associados;

IV – centralização de licitações, contratações e assessoria técnica, assim como monitoramento e controle dos resultados das políticas públicas;

V – regulação de serviços concedidos individualmente pelos entes participantes ou pela associação, incluindo também a concessão de bens públicos;

VI – gestão comum e em escala de bens públicos, inclusive a construção e reparação de obras e prédios públicos, mesmo que dentro do território de apenas um dos entes federativos participantes da associação;

VII – fomento de atividades industriais, culturais, assistenciais, turísticas, de educação, de saúde, de produção de alimentos, de construção de moradias e de proteção do patrimônio histórico;

VIII – administração de previdência pelo regime próprio dos servidores públicos dos entes associados, assim como a instituição de regime complementar para servidores efetivos e para empregados públicos;

IX – inovação, inclusive geração de energia, tecnologias da informação ou plataformas de governo digital para os associados;

X – recuperação de bens ambientais degradados, mesmo que dentro do território de apenas um dos entes federativos participantes;

XI – realização de obras preventivas ou emergenciais tendo em vista as catástrofes climáticas;

XII – assunção da concessão ou permissão de serviço ou bem público, em caso de degradação do serviço concedido;

XIII – exploração direta de atividade econômica ou participação em atividade econômica privada;

XIV – assessoria jurídica nos Municípios com menos de cinquenta mil habitantes, sempre mediante concurso;

XV – realização de controle interno.

Parágrafo único. A aplicação de sanções, o controle interno, a assessoria jurídica e a administração de previdência pelo regime próprio serão realizadas por associações públicas de Direito Público.

Art. 490. O consórcio que constituir a associação pública sancionadora de polícia preverá a existência do referido poder em seus atos constitutivos, devendo os entes consorciados possuírem a competência para poder de polícia que será aplicada pela associação.

Art. 491. Os entes federativos poderão outorgar, sem licitação, para as associações, os serviços e bens públicos enumerados neste Código.

Art. 492. Para a realização de suas competências, as associações públicas de Direito Público contarão com as seguintes competências e características:

I – aplicação total do regime de Direito Público, incluído sua principiologia;

II – caráter público de seus bens, cedidos ou adquiridos;

III – cedência de servidores dos entes participantes ou a contratação de empregados públicos, mediante concurso, pelas regras usuais;

IV – obrigações de realização de licitação, contratação e contabilidades públicas, salvo nas operações meramente comerciais;

V – prestação de contas;

VI – caráter de ato e processo administrativo de suas decisões;

VII – possibilidades de intervenção na propriedade, inclusive desapropriação, tombamento e servidão;

VIII – aplicação de sanções;

IX – edição e aplicação de normas regulatórias;

X – concessão, permissão ou autorização de serviços ou bens;

XI – recebimento em outorga de concessão ou permissão, ou participação de licitações para a administração destes serviços ou bens;

XII – caráter de parceiro público ou privado em parcerias público-privadas.

Parágrafo único. As normas emanadas das associações públicas de Direito Público obrigam, além da Administração Pública, também o Poder Judiciário e os particulares.

Art. 493. A associação pública de Direito Público será regida pelo mesmo regime jurídico das autarquias, salvo derrogações de lei específica, e a associação pública de Direito Privado será regida pelo mesmo regime jurídico das fundações públicas de Direito Privado, salvo derrogações de lei específica.

Art. 494. As associações públicas de Direito Privado terão as seguintes competências e características:

I – caráter público de seus bens, caso cedidos, ou privados, caso adquiridos pela associação;

I – contratação de empregados públicos, mediante concurso público;
III – obrigações de realização de licitação e contratação pelo regime jurídico de Direito Público, salvo nas operações meramente comerciais;
IV – prestação de contas;
V – igualdade, impessoalidade, publicidade e motivação de seus atos;
VI – possibilidades de concessão, permissão ou autorização de serviços ou bens;
VII – recebimento em outorga de concessão ou permissão, ou participação de licitações para a administração destes serviços ou bens;
VIII – possibilidade de ser parceiro privado em parcerias público-privadas.

Seção V – Das Empresas Estatais

Art. 495. A União, os Estados-Membros, os Municípios e o Distrito Federal poderão criar empresas estatais, que podem ser públicas ou de economia mista, para a realização das funções deste Código.

Art. 496. As empresas estatais atuarão na:
I – exploração direta de atividade econômica, nos termos deste Código;
II – prestação de serviços públicos;
III – prestação de serviços econômicos e serviços administrativos para a própria Administração Pública, do mesmo ou outro ente federativo;
IV – pesquisa, inovação, cultura, preservação do patrimônio histórico e promoção do turismo;
V – aplicação de sanções.

Art. 497. A criação de estatais depende de lei autorizativa e posterior efetivação de registro competente, sem necessidade de integralização de capital.

Parágrafo único. A lei autorizativa, de iniciativa do Poder Executivo, estabelecerá, minimamente, além da natureza da empresa, a sua finalidade e princípios gerais.

Art. 498. Para a criação de subsidiárias bastará disposição genérica na lei autorizativa, podendo a lei, contudo, reservar autorização específica para tal criação.

Art. 499. A venda de empresa estatal dar-se-á mediante lei.

Art. 500. A alienação de mais de cinco por cento das ações, de qualquer natureza, em um prazo menor que cinco anos, pressuporá lei autorizativa.

Parágrafo único. A alienação de mais de dois por cento do patrimônio da empresa, em operações de capital, em um mesmo ano, depende de autorização legislativa.

Art. 501. As empresas estatais serão regidas pelas regras de Direito Privado, exceto pela necessidade de concurso, licitação e prestação de contas aos órgãos competentes, pelas regras públicas relativas à igualdade, impessoalidade e publicidade e, ainda, pelas regras de Direito Sancionador, no caso de empresas que apliquem poder de polícia, e aquelas vinculadas à relação jurídico-administrativa pela prestação de serviços públicos.

Parágrafo único. A legislação poderá prever outros casos de aplicação de regras de Direito Público.

Art. 502. A empresa pública terá personalidade jurídica de Direito Privado e capital totalmente público, podendo assumir qualquer forma admitida no Direito Empresarial, ou, ainda, forma própria definida em regulamento ou ato interno da empresa, bastando o registro empresarial descrever a forma básica da empresa.

Art. 503. Poderá existir Empresa Pública Associada, cuja propriedade será de mais um ente federativo, devendo o registro empresarial e os atos internos definirem a forma de sua gestão.

Art. 504. A empresa sociedade de economia mista assumirá a personalidade jurídica de Direito Privado, e terá seu capital votante sob controle de entidade pública, devendo assumir a forma básica de Sociedade Anônima, a qual poderá sofrer adaptações previstas em regulamento, registro empresarial ou ato interno da empresa.

Parágrafo único. Poderão ser sócios outras entidades da federação.

Art. 505. A sociedade de economia mista terá capital aberto, podendo, nos termos de disposição específica da lei autorizadora, e mediante justificativa relacionada às políticas públicas, ter capital fechado.

Art. 506. As empresas prestadoras de serviços públicos, as prestadoras de serviços para a própria Administração e as empresas sancionatórias pagarão suas dívidas judiciais na forma de requisitório, conforme a legislação processual civil e constitucional.

Art. 507. O disposto neste Código para cargos comissionados e temporários aplica-se, no que couber, para os empregos nas empresas estatais.

Art. 508. É vedada a entrega direta do resultado de sanções de polícia à Empresa Pública e Sociedade de Economia Mista.

Parágrafo único. A Empresa Estatal será remunerada mediante contrato a ser estabelecido com a Administração Direta, estabelecendo o valor do preço dos serviços de consentimento, fiscalização e sanção prestados.

Art. 509. Aplica-se o teto constitucional aos dirigentes e integrantes de Empresa Pública e Sociedade de Economia Mista que aplicam sanções de polícia.

LIVRO IV – DOS INSTRUMENTOS ADMINISTRATIVOS DE POLÍTICAS PÚBLICAS

Capítulo I – Das Normas Gerais

Art. 510. Os instrumentos administrativos de políticas públicas são essenciais para o alcance do interesse público, mediante os quais se pretende alcançar objetivos de realização de direitos fundamentais pela sua aplicação de forma isolada ou em conjunto.

Art. 511. O uso dos instrumentos dar-se-á dentro do contexto e em função do planejamento, formulação e implementação de políticas públicas.

Art. 512. Poderão ser criados e utilizados outros instrumentos administrativos de políticas públicas que não os especificados neste Código.

Capítulo II – Do Poder de Polícia

Seção I – Das Normas Gerais

Art. 513. Considera-se poder de polícia a disciplina de direitos e liberdades dos particulares não consistentes em serviços públicos, com o objetivo de gerar cooperação planejada entre interessados e Administração Pública mediante uso de legislação contendo orientações, condicionamentos, condições e sanções ao titular de direitos a exercício de atividade ou uso de bem.

Parágrafo único. A normatização do poder de polícia inclui sua organização e seu ciclo de legislação, consentimento, fiscalização e sanção de polícia, nos termos deste Código.

Art. 514. O poder de polícia pode fazer parte das atividades de regulação de entidade da Administração Direta ou Indireta, o que não desnatura sua autonomia, sua vinculação a políticas públicas e aos princípios de Direito Administrativo Sancionador.

Seção II – Da Organização do Poder de Polícia

Art. 515. São detentores do poder de polícia a Administração Direta, as Autarquias, as Fundações Públicas de Direito Público, as Associações Públicas de Direito Público e as Empresas Públicas e Sociedades de Economia Mista que recebam delegação de polícia da Administração Direta, mediante lei e contrato.

Art. 516. A lei atribuirá o poder de polícia à entidade de Direito Público ou Privado da Administração Direta ou Indireta, de titularidade pública, podendo, caso não exista cláusula de delegação à legislação autônoma, regulamentar os procedimentos de licenciamento e aplicação de sanções e outras medidas administrativas.

Parágrafo único. A mera finalidade de polícia de órgão ou entidade outorga automaticamente ao ente de titularidade pública as sanções de suspensão ou perda de autorização, licença, advertência, multa pecuniária, apreensão, interdição ou destruição de bens, embargo de obra ou prédio, a interdição em empresa, estabelecimento, bem ou serviço, perda de incentivo fiscal e determinação de reparação de dano, devendo outras sanções específicas estarem previstas em lei.

Art. 517. Em caso de órgãos ou entidades compostas por diversas classes de servidores, observar-se-á a competência para a aplicação de sanções entre as respectivas classes.

Parágrafo único. É possível a delegação de atribuições de polícia dentro do órgão, entre diferentes classes de servidores, sendo vedada a avocação da aplicação de sanção de polícia pela chefia imediata.

Seção III – Da Legislação do Poder de Polícia

Art. 518. A legislação do poder de polícia consiste em orientações para o exercício de atividade ou disposição de bem, as condições e formas pelas quais a referida atividade obterá aprovação ou licença, o estabelecimento de tipos administrativos, contendo condutas proibidas ou restritas, a relação de sanções administrativas e os processos administrativos licenciadores e sancionadores de polícia.

Art. 519. A legislação de polícia deverá observar os seguintes parâmetros, nesta ordem: satisfação do interesse público, entendido como realização de direitos fundamentais individuais ou coletivos de forma socialmente justa, e necessidade e proporcionalidade no estabelecimento de restrições e condicionamentos a atividades e uso de bens.

Art. 520. A criação de legislação sobre poder de polícia poderá ser precedida de audiências e consultas públicas.

Parágrafo único. Deverá ser precedida de audiências e consultas públicas pelo menos a legislação autônoma sobre atividade de alto risco para o interesse público.

Art. 521. A alteração ou criação de legislação sobre poder de polícia será precedida de estudo de impacto de polícia, conforme regulamentação do Poder Executivo.

§1º Fica facultada a realização de estudo de impacto de polícia, quando a iniciativa ocorrer no Poder Legislativo, que poderá, entretanto, ser realizado em conjunto com o Executivo.

§2º Caso o poder de polícia esteja desenhado apenas em parâmetros gerais, o estudo de impacto competirá ao Poder Executivo, quando do exercício da elaboração da legislação secundária.

§3º Caso já exista estudo de políticas públicas, será desnecessária a realização do estudo previsto neste artigo.

Art. 522. O estudo de impacto de polícia, ou instrumento assemelhado, classificará a atividade sancionadora em baixo, médio e alto risco para o interesse público e para o cidadão, nos termos que seguem e que se articulam com a classificação de riscos presente neste Código, considerando-se como:

I – atividades de baixo risco aquelas que envolvem pequeno número de pessoas e cujos eventuais efeitos danosos não se estendem no tempo, como as relacionadas ao trânsito e uso das vias, venda de cigarros e bebidas alcoólicas e eventos públicos, regulação da publicidade e abertura de empreendimentos econômicos;

II – atividades de médio risco aquelas que envolvem grande número de pessoas, direito fundamental e cujos eventuais efeitos danosos se estendem no tempo, como as relacionadas com a fiscalização do trabalho, de eventos públicos, de venda, porte e posse de armas, venda de remédios e alimentos;

III – atividades de alto risco para o interesse público aquelas que envolvem grande número de pessoas, com relevante direito fundamental potencialmente atingido e efeitos a longo prazo para a sociedade, como produção de remédios, introdução de organismos geneticamente modificados, alterações no meio ambiente urbano e rural e gestão de resíduos.

§1º A presente classificação é aplicável apenas para os fins de legislação de polícia e não invalida as classificações existentes em outras leis específicas relacionadas ao poder de polícia.

§2º Em todos os casos, o estudo adotará uma forma simplificada e será divulgado em formato facilmente inteligível, em plataforma de governo digital.

Seção IV – Do Consentimento no Exercício do Poder de Polícia

Art. 523. O consentimento de polícia consistirá na outorga para realização de atividade fiscalizada, mediante aprovação de polícia ou licença de polícia.

§1º Considera-se aprovação de polícia a realização provisória de atividade, implicando ou não uso acessório de bens públicos, tais como o estacionamento urbano e a realização de eventos públicos, mediante pronta decisão da Administração Pública.

§2º Considera-se licença de polícia o ato administrativo que outorga ao cidadão pessoa física ou jurídica o direito de exercer determinada atividade ou produzir ou vender determinado produto ou serviço, mediante tempo determinado, sendo precedido de processo administrativo licenciador.

Art. 524. Poderá realizar o consentimento de polícia a Administração Pública Direta, as Autarquias, Fundações Públicas de Direito Público, as Associações Públicas de Direito Público e as Empresas Estatais.

§1º Em caso de atividades de baixo risco para o interesse público e para o cidadão, o consentimento de polícia na forma de autorização pode ser delegado a privados, inclusive parceiros da sociedade civil.

§2º Em caso de atividades de médio risco, nos termos de lei específica, o consentimento de polícia pode ser realizado por entidade com ou sem fins lucrativos credenciada e fiscalizada anualmente pela entidade da Administração Pública competente.

§3º O consentimento para atividades de alto risco será realizado por entidades de titularidade pública, podendo, eventualmente, valer-se de assistência técnica especializada privada, nas formas usuais do Direito Administrativo.

§4º O licenciamento ambiental e urbanístico é considerado atividade de alto risco, não importando sua extensão e impacto.

Seção V – Da Fiscalização no Poder de Polícia

Art. 525. Poderão realizar a fiscalização do poder de polícia a Administração Pública Direta, as Autarquias, Fundações Públicas de Direito Público, as Associações Públicas e as Empresas Estatais.

§1º Em caso de atividades de baixo risco para o interesse público e para o cidadão, a fiscalização pode ser delegada a privados, inclusive parceiros da sociedade civil.

§2º Em todas as situações, incluindo as de alto risco para o administrado, poderão ser contratados serviços técnicos especializados com empresas privadas, visando à integração de sistemas e elementos para os quais não seja conveniente a execução diretamente pública, nas formas usuais de Direito Administrativo.

Art. 526. Em caso de erro na fiscalização de polícia que gere responsabilidade civil, a entidade privada será responsabilizada objetivamente pelo ato.

Art. 527. A fiscalização de polícia poderá ocorrer quando da ocorrência de fato relevante para o poder de polícia ou periodicamente, sendo, no último caso, passível de remuneração mediante preço ou taxa, conforme for o ente fiscalizador privado ou público.

Art. 528. A taxa decorrente do poder de polícia não precisa corresponder ao efetivo custo de manutenção administrativa do órgão ou entidade, não podendo superá-lo de forma desproporcional.

§1º O custo de manutenção corresponde à previsão orçamentária para as despesas correntes de pessoal, material de consumo e administração do órgão conjugado com o custo da infraestrutura, com eventual depreciação.

§2º A cobrança de taxa exige pelo menos o funcionamento parcial do órgão ou entidade.

Art. 529. A fiscalização de polícia poderá ser realizada com auxílio de inteligência artificial ou processos automatizados.

Parágrafo único. A decisão automatizada ou de inteligência artificial será considerada como emitida pelo órgão competente e o vinculará para todos os efeitos, garantido ao Administrado recurso a instância superior humana.

Seção VI – Da Sanção do Poder de Polícia

Art. 530. A sanção de polícia consiste na aplicação de penalidade ao particular que praticar conduta tipificada em lei ou regulamento, nos termos anteriormente fixados.

§1º A modalidade de sanção de polícia será fixada em legislação, podendo consistir em advertência, suspensão ou perda de autorização, licença, advertência, multa pecuniária, apreensão, interdição ou destruição de bens, embargo de obra ou prédio, interdição em empresa ou estabelecimento, perda de incentivo fiscal, obrigação de reparar o dano ou outro meio legítimo de indução à cooperação.

§2º A sanção do poder de polícia deverá respeitar a pluralidade política e a liberdade de manifestação do pensamento e escolha religiosa, além dos demais princípios de Direito Administrativo.

Art. 531. A aplicação da sanção do poder de polícia é autoaplicável e autoexecutável, podendo ser efetuada pelos próprios meios da Administração Pública, consistindo, inclusive, na apreensão, interdição e destruição de bens.

§1º Salvo a aplicação de sanção pecuniária, as demais sanções poderão tomar a forma de medidas cautelares.

§2º A destruição de bens poderá se dar de forma cautelar, nos termos de lei ou regulamento específico, garantindo-se, em caso de reversão, devolução dos valores em numerário.

§3º A constituição de obrigações pecuniárias dar-se-á mediante a criação, física ou digital, de título executivo por parte da Administração Pública e sua notificação ao devedor.

§4º A apreensão, quando medida cautelar, será considerada provisória, e será transformada em sanção quando da decisão sancionatória pela autoridade, consolidando a propriedade pública.

§5º Poderá a legislação estabelecer sanção pecuniária pelo não cumprimento voluntário da sanção de reparar o dano e retirar produto ou serviço de circulação.

§6º A execução de sanção de polícia poderá se dar mediante propositura de ação de fiscal ou, nos termos da lei, mediante execução administrativa, inclusive com possibilidade de contraditório diferido.

Art. 532. A aplicação da sanção de polícia seguirá as regras do Processo Administrativo Sancionador, conforme definido em Lei, regulamento ou legislação autônoma geral e específico do ente federativo, podendo as autarquias comuns e agências fixarem legislação autônoma de processo administrativo sancionador, mediante delegação geral da lei.

Art. 533. A aplicação da sanção de polícia deverá ser motivada no que toca à existência dos fatos e ao Direito aplicável, devendo, em caso de discricionariedade na escolha da sanção, indicar seus motivos determinantes.

Parágrafo único. Em situações determinadas pelo regulamento e tendo em vista a simplicidade da atuação, poderá a sanção de polícia ser aplicada na forma de formulário.

Art. 534. Em situações em que a legislação atribua a autoridade o poder de escolher graduação de sanções, será possível a aplicação do princípio da insignificância.

Art. 535. É possível, mediante regulamento e parecer da Advocacia Pública do ente federativo, a remissão de sanção de polícia, tendo em vista relevantes causas externas ao interessado, como catástrofes ambientais ou sociais.

Capítulo III – Dos Serviços Públicos

Art. 536. Considera-se serviço público o serviço que, atendendo à necessidade coletiva primária, secundária ou de conveniência, requeira, para o seu funcionamento e realização de objetivos de políticas públicas, continuidade, regularidade e cooperação coletiva.

Parágrafo único. As normas desta seção aplicam-se a todos os tipos de serviços públicos.

Art. 537. Serão públicos aqueles serviços enumerados expressamente na Constituição, os decorrentes implicitamente da competência constitucional do ente federativo e aqueles eleitos pela lei ou legislação autônoma como tal.

Parágrafo único. No caso de serviços públicos de conveniência, o regime de prestação pública não afastará a prestação privada, que ficará à opção do cidadão destinatário.

Art. 538. O serviço público é dirigido pelas seguintes normas:

I – regência pelas normas de Direito Público;

II – complexidade das prestações, que podem abranger mais de um elemento de serviço ou entrega de bem;

III – habitualidade, caracterizada pela segurança de regras de horários e funcionamento dos serviços;

IV – impessoalidade, com a padronização da organização dos serviços;

V – continuidade, com a garantia de ininterrupção dos serviços;

VI – generalidade da população atingida, salvo dispêndio absolutamente desproporcional ao interesse público;

VI – universalidade, com a maior completude possível das prestações a serem oferecidas;

VII – qualidade conforme padrão médio otimizado, entendido como tal aquele acima da linha mediana das prestações, tendo em vista considerações de utilidade econômica, escala e generalização dos serviços;

VIII – gratuidade ou cobrança de taxa ou tarifa nos casos previstos em lei ou legislação autônoma;

IX – igualdade nas prestações, as quais podem, nos casos previstos em lei, legislação autônoma ou inerência constitucional, serem personalizadas às necessidades do cidadão destinatário das políticas públicas.

Art. 539. As prestações dos serviços poderão ser uniformes, diferenciadas por blocos de serviço ou individualizadas, conforme organização do serviço.

Art. 540. O serviço público consistirá em uma ou mais prestações materiais, de forma isolada ou conjunta, acompanhada ou não de infraestrutura, e podendo ou não ser acompanhado de entrega de bens.

Seção I – Dos Serviços Públicos Exclusivos

Art. 541. Serão considerados serviços públicos exclusivos aqueles relacionados com a segurança das pessoas, bens e liberdade, assim como a atividade das diferentes forças de segurança, os relacionados com as atividades jurisdicionais, de proteção da defesa dos interesses individuais e da comunidade, assistência jurídica aos necessitados e assessoria jurídica ao poder público, à defesa nacional, ao serviço diplomático e consular, à metrologia, orientação de navegação aérea, à geração de energia nuclear e aos serviços de meteorologia, defesa civil, imigração e fronteiras, administração tributária, além da própria gestão pública, seu planejamento e sua manutenção e execução orçamentária.

Art. 542. Os serviços públicos exclusivos serão realizados pela Administração Direta ou por entidades de Direito Público da Administração Indireta.

Art. 543. Não poderá existir contrato de fornecimento de pessoal nestes serviços públicos, exceto para os serviços de vigilância, limpeza, logística, manutenção de redes e sistemas de informática, manutenção predial e aquisição de soluções de tecnologia, vedada a quarteirização.

Art. 544. Poderão ser pactuadas, para partes específicas dos respectivos serviços, parcerias público-privadas na modalidade administrativa, mas sempre de modo a evitar que uma mesma empresa tenha gestão sobre mais de dez Municípios em um Estado ou mais de três Estados-Membros em serviços da União.

Art. 545. Mesmo nos casos dos serviços públicos exclusivos, os bens móveis e imóveis poderão ser locados ou arrendados, inclusive na modalidade construídos para se ajustarem, em regime de locação, salvo nos casos de bens de valor estratégico tecnológico ou militar.

Art. 546. Os serviços administrativos essenciais e estratégicos ao apoio dos serviços públicos exclusivos não poderão ser contratados com privados, admitindo-se, contudo, que as entidades públicas prestadoras de serviços administrativos pactuem soluções de tecnologia com privados.

Art. 547. Mesmo nos casos de serviços públicos exclusivos, serão elaboradas cartas de direitos ao cidadão, nas quais se buscará a melhor prestação média do serviço.

Art. 548. A regulação e o poder de polícia são também considerados exclusivos, estando regulamentados na parte pertinente deste Código.

Art. 549. Os órgãos de monitoramento e controle realizarão busca ativa para a verificação da real propriedade das empresas privadas contratadas, visando à prevenção de conflito de interesses e à preservação da soberania do país.

Seção II – Dos Serviços Públicos Privativos Comunitários

Art. 550. Poderão prestar serviços públicos privativos comunitários a Administração Direta, autárquica, fundacional de Direito Público e Privado, as associações públicas de Direito Público e Privado e as empresas públicas e sociedades de economia mista.

Art. 551. Cada ente federativo realizará os serviços comunitários na medida de sua competência constitucional, sendo a competência constitucional comum, contudo, realizável de forma cumulativa e sobreposta, salvo existência de lei em sentido diverso.

Art. 552. Os serviços públicos comunitários são privativos da Administração Pública, admitindo-se o auxílio eventual ou contínuo, voluntário ou fomentado, mas não principal, de particulares em sua realização.

Art. 553. Um ente federativo poderá contratar de outro ente federativo soluções e serviços comunitários, para fins de satisfazer suas obrigações constitucionais, ou, ainda, valer-se das associações públicas.

Art. 554. Serviço público individualizável poderá ser considerado comunitário em caso de escolha pela legislação administrativa, dentro do planejamento da política pública.

Art. 555. Poderão ser contratadas com privados partes dos serviços públicos comunitários, mas nunca seu ciclo completo.

Art. 556. Parte do ciclo dos serviços públicos comunitários poderá ter caráter assistencial, contratando-se serviços, que serão remunerados em erário ou bens arrecadados, com cooperativas e associações voltadas e formadas por populações especialmente fragilizadas.

Art. 557. Os serviços públicos privativos comunitários são regidos por todas as normas de Direito Público, estando obrigados também à continuidade, à habitualidade e à impessoalidade.

Parágrafo único. A generalidade da prestação dos serviços públicos existirá na medida da viabilidade econômica, só não sendo plenamente realizada em caso de manifesta desproporção econômica.

Art. 558. As prestações dos serviços serão regidas pelas normas de seletividade e distributividade, sempre buscando-se a progressiva qualificação e universalização dos serviços.

Art. 559. A infraestrutura dos serviços públicos comunitários será de titularidade pública, podendo os bens acessórios serem locados, arrendados ou construídos para se ajustarem, em regime de locação.

Art. 560. Poderão existir escritórios regionais e nacionais para a realização de licitações e compra de insumos, visando a ganho de escala.

Art. 561. Não será permitida a contratação de fornecimento de pessoal nos serviços privativos comunitários, salvo para os serviços de vigilância, limpeza, logística, manutenção predial, tecnologia de redes e informática e soluções inovadoras de tecnologia.

Art. 562. Para o apoio dos serviços públicos comunitários, poderão ser estabelecidas parcerias público-privadas na modalidade administrativa, evitando-se que mesma empresa tenha gestão, em Estado-Membro, em mais de dez Municípios, ou, no caso da União, gestão por mais de três Estados-Membros.

Art. 563. Os serviços comunitários são financiados pelas receitas ordinárias e extraordinárias do poder público, e serão gratuitos ao usuário.

Parágrafo único. O poder público poderá utilizar-se do serviço para alcançar fontes alternativas de receita, cujo numerário deverá ser usado diretamente na manutenção do serviço.

Art. 564. A existência e qualidade do serviço público comunitário é direito público subjetivo, podendo ser exigido individual ou coletivamente.

Art. 565. Serão elaboradas cartas de uso dos serviços, com especificação do seu funcionamento e direitos dos usuários, que serão os deste Código cumulado com os direitos típicos do consumidor, além da possibilidade facilitada de apresentação de reclamação e sugestões de melhoria em plataforma de governo digital, de acesso multiportas.

Art. 566. Caso o serviço seja totalmente digital, o acesso dar-se-á por credenciais de acesso único e facilitado.

Parágrafo único. Na hipótese de o serviço ser físico, o cidadão será informado, por plataforma de governo digital, das informações pertinentes ao serviço.

Seção III – Dos Serviços Públicos Privativos Individualizáveis

Art. 567. Os serviços públicos privativos individualizáveis permitem a particularização da pessoa, bem, objeto, preço e prestação entregue ao destinatário da política pública mediante quantitativos objetivamente mensuráveis, de forma numérica e em espaços de tempo ou quantidade individualizáveis.

Art. 568. Cada ente federativo organizará seus serviços públicos individualizáveis, observando-se, contudo, a possibilidade de cumulação nas competências constitucionalmente comuns.

Art. 569. Poderão prestar serviços públicos individualizáveis a Administração Direta, autárquica, as empresas públicas e sociedades de economia mista, as associações públicas e ainda mediante formas de delegação, conforme estabelecido neste Código e em legislação especial.

Parágrafo único. Caso a Administração crie entidade para a gestão do serviço, esta o assumirá mediante outorga, sem necessidade de licitação.

Art. 570. Os entes federativos poderão prestar serviços privativos individualizáveis mediante contratação de entidade de outro ente federativo.

Art. 571. No caso de regiões metropolitanas e aglomerações urbanas, a organização do serviço e eventuais licitações serão conduzidas pelo Estado-Membro, observando-se a coordenação com os Municípios envolvidos e dando-se preferência para a formação de associações públicas.

Art. 572. A Administração poderá prestar serviço individualizável mediante parceria na modalidade patrocinada, a qual não poderá servir como fornecimento de mão de obra.

Art. 573. O serviço público privativo individualizável, apesar de sua natureza, pode ser prestado gratuitamente, com financiamento geral do erário público, tendo em vista razões de políticas públicas, quando, então, será considerado serviço público comunitário.

Art. 574. Seja qual for a forma de prestação, inclusive por delegação, o serviço será considerado regido pelo Direito Público, incidindo as regras de continuidade, habitualidade, atualidade, segurança, eficiência, generalidade, universalidade, distributividade e seletividade.

Parágrafo único. Em casos específicos, devidamente justificados e previstos em estudo de políticas públicas, poderão existir diferentes categorias de qualidade de prestações de serviços públicos individualizáveis.

Art. 575. Os serviços públicos privativos individualizáveis poderão ser delegados mediante:

I – autorização emergencial de serviço público;

II – autorização ordinária de serviço público;

III – autorização esporádica de serviço público;

IV – permissão de serviço público;

V – concessão comum de serviço público, precedida ou não de obra pública;

VI – concessão na modalidade patrocinada.

Art. 576. A autorização emergencial de serviço público ocorrerá em situações de colapso do serviço ordinariamente prestado ou por razões de emergência climática, econômica, social ou sanitária, e será dada por ato administrativo pelo órgão gestor do serviço ao delegatário que mostrar capacidade para a realização do serviço, mediante processo impessoal, se existir mais de um candidato, mas sem necessidade de licitação, sendo provisória e vinculada ao evento emergencial.

Art. 577. A autorização ordinária de serviço público dar-se-á mediante ato administrativo vinculado, preenchidos os requisitos previstos em regulação, e será sujeito a renovação periódica, tendo aplicação nas situações em que o serviço público se aproxima de situações de mercado livre, não existindo número limitado de autorizações para a prestação dos serviços.

Art. 578. A autorização esporádica de serviço público é atribuída mediante ato discricionário, porém impessoal, ao beneficiário, conferindo ao prestador a possibilidade de realização de determinadas prestações limitadas por número ou tempo relacionadas a serviço público, sem necessidade de licitação.

Art. 579. A permissão de serviço público atenderá às situações de teste de viabilidade de concessão futura de serviço público, consistirá em contrato de Direito Público, será precedida de licitação e não conterá prazo, devendo a Administração Pública, contudo, respeitar durações mínimas de amortecimento de investimento, podendo ou não a permissão ser em regime de monopólio e aplicadas as demais regras de concessão ao instituto.

Art. 580. Mediante contrato público de concessão, a gestão do serviço é delegada a empresa ou consórcio que se responsabiliza pela prestação do serviço conforme padrões jurídicos, técnicos e de qualidade estabelecidos pelo poder concedente, por sua conta e risco, e que será remunerada mediante tarifa a ser paga pelos usuários do serviço, tendo sempre o contrato prazo certo.

Art. 581. A concessão poderá ser precedida de obra pública, o que refletirá no preço da tarifa.

Art. 582. A concessão de serviço público poderá se dar na forma patrocinada, com a qual, adicionalmente à cobrança da tarifa, o poder público contribuirá com valores, a fim de viabilizar o serviço.

Parágrafo único. O patrocínio do serviço poderá se dar também através de associação pública, com todos os membros do consórcio, contribuindo para a viabilidade do serviço e seu barateamento.

Art. 583. Na medida da racionalidade técnica e na forma de estudo de políticas públicas, os serviços públicos poderão ser divididos em segmentos regidos por monopólio, por concorrência, pelo regime de Direito Público e por mercado regulado.

Art. 584. O disposto neste Código não exclui as normas específicas de autorização, concessão e permissão existentes na legislação ordinária.

Subseção I – Do Regime Jurídico da Concessão de Serviço Público Individualizável

Art. 585. As concessões de serviços públicos comuns ou patrocinadas não serão organizadas em monopólio, a não ser que exigências de infraestrutura assim o obriguem.

§1º A quantidade de prestadores de serviços, contudo, será limitada à viabilidade econômica do serviço.

§2º Os diferentes prestadores cobrarão a mesma tarifa, podendo diferenciar-se por outros fatores, tais como qualidade do serviço, horários ou locais de prestação.

§3º Nos termos de estudo de políticas públicas e legislação do poder concedente, poderá a normatização permitir tarifas diferenciadas por prestador.

Art. 586. Considera-se poder concedente a entidade pública da Administração Direta ou Indireta que conceder o serviço, estabelecer-lhe as regras e fiscalizar-lhe a execução.

Art. 587. Considera-se concessionária a empresa, grupo de empresas ou consórcio que assumir a concessão e seus riscos.

Art. 588. A relação entre poder concedente e concessionário é de Direito Público, assim como entre a concessionária, os usuários do serviço e terceiros.

Art. 589. A relação jurídica entre concessionária, fornecedores e empregados é de Direito Privado, devendo, contudo, tanto o poder concedente como o concessionário estabelecerem regras de conformidade para evitar conflitos de interesses.

Parágrafo único. Na eventualidade de conflito de interesses, qualquer órgão de controle ou entidades representativas da sociedade poderão impugnar a relação jurídica.

Art. 590. O estudo de políticas públicas verificará a conveniência da não execução do serviço por entidade da Administração Direta ou Indireta.

Art. 591. Verificada a conveniência da concessão, será elaborado edital, o qual vinculará o futuro contrato, prevendo o objeto da concessão, os prazos, os parâmetros de qualidade do serviço, as formas de fiscalização, os direitos e obrigações do poder concedente e concessionário, a política tarifária e os bens reversíveis.

Art. 592. Poderá a lei atribuir genericamente ao Poder Executivo o poder de conceder, no todo ou para certa área dos serviços públicos, situação na qual o decreto especificará individualmente o serviço a ser concedido.

Art. 593. A concessão dependerá de licitação na modalidade concorrência ou diálogo competitivo, a qual se dará a partir dos seguintes critérios de julgamento:

I – menor valor da tarifa a ser paga pelo usuário do serviço;

II – maior investimento em infraestrutura;

III – maior valor de outorga a ser pago para a Administração Pública;

IV – menor valor do patrocínio a ser pago pela Administração Pública, em caso de parceria público-privada na modalidade patrocinada;

VI – melhor solução tecnológica ou técnica;

VI – qualquer combinação das opções anteriores, com pesos diferenciados, conforme o interesse público;

VII – maior valor de outorga após garantia de determinado padrão técnico definido em diálogo competitivo;

VIII – menor patrocínio após garantia de determinado padrão técnico definido em diálogo competitivo;

IX – menor tarifa a ser paga pelo usuário, após garantia de determinado padrão técnico definido em diálogo competitivo;

X – qualquer combinação das anteriores.

Art. 594. São fases da licitação da concessão:

I – preparação e divulgação do edital;

II – apresentação de propostas e lances;

III – julgamento ou fixação do padrão técnico mínimo, em caso de diálogo competitivo;

IV – habilitação jurídica, fiscal, social, técnica e financeira;

V – recursos;

VI – homologação.

Art. 595. A licitação de concessão pode ser realizada por escritório centralizado de outro ente federativo.

Art. 596. Firmado o contrato, as partes indicarão fiscal do contrato e representante da concessionária.

Art. 597. Será realizado inventário dos bens reversíveis no momento da concessão.

Art. 598. Os bens acessórios à prestação do serviço não serão considerados reversíveis.

Art. 599. Serão necessariamente considerados reversíveis, sendo nulas qualquer cláusula em sentido diverso, as infraestruturas físicas e os bens móveis empregados diretamente no serviço.

§1º Não será concedida indenização para a transferência de bem reversível, a não ser no caso de investimento extraordinário motivado por emergência social ou climática.

§2º Caso os bens reversíveis estejam em estado de conservação abaixo do fixado em contrato, a Administração Pública formará título executivo e cobrará o valor diretamente, na forma judicial ou extrajudicial deste Código.

Art. 600. Mediante relicitação, uma concessão comum poderá se tornar uma concessão patrocinada, atendidos demais requisitos legais.

Art. 601. No caso de alteração significativa da economia ou do estado de fato da região, ou da natureza do serviço, poderá ser realizada relicitação, mantendo-se os prazos máximos anteriormente fixados.

Art. 602. A concessão poderá ser renovada quantas vezes interessar ao poder concedente, desde que não ultrapasse o prazo máximo fixado neste Código.

Art. 603. Não só o contrato, mas todos os eventos relevantes que ocorrerem na concessão serão registrados em processo administrativo e divulgados em tempo real.

Art. 604. A troca do controle acionário da concessionária não extinguirá a concessão, salvo no caso de conflito de interesses.

Art. 605. Nenhuma concessão comum terá prazo maior que trinta anos.

Art. 606. A concessão na modalidade patrocinada poderá ter prazo máximo de trinta e cinco anos.

Art. 607. Em caso de violação do contrato por descontinuidade, inabitualidade do serviço, ausência de segurança, falta de atualidade dos meios e insolvência da empresa e seu perigo, o poder concedente, na figura do Ministro ou Secretário, promoverá a intervenção na concessão, que terá diferentes níveis, podendo simplesmente consistir na obrigação de apresentação de relatórios, presença de servidor público, com ou sem poderes de tomada de decisão, e até mesmo a homologação e revisão das decisões da direção da empresa concessionária.

Parágrafo único. As Administrações poderão criar escritórios ou equipes especializadas em intervenção, que inclusive poderão ser aproveitados por outros entes federativos, na forma de convênio.

Art. 608. A violação das cláusulas contratuais e das obrigações regulatórias levarão, nos termos de normativa interna, e, mediante processo administrativo sancionatório, a imposição de advertência, multa, caducidade da concessão, diminuição do tempo de concessão, perda das garantias e declarações de impedimento de licitar e de inidoneidade.

Art. 609. Em caso de violação substancial do contrato, operar-se-á a caducidade, que ocorrerá mediante iniciativa unilateral da Administração Pública, podendo, em sede de juízo conciliatório, a concessionária comprometer-se a ajustar sua conduta, mediante depósito de garantia e fixação de nova multa.

Art. 610. É garantido o equilíbrio econômico-financeiro do contrato.

Art. 611. Mesmo após a assinatura do contrato, a Administração Pública poderá reduzir unilateralmente em vinte e cinco por cento o objeto da concessão, ou aumentá-la em cinquenta por cento, com os devidos ajustes no preço, que serão objeto de composição perante câmara de conciliação pública.

Parágrafo único. A Administração poderá adaptar o projeto, por razões supervenientes, visando ao interesse público, com o ajuste subsequente no preço ou na tarifa.

Art. 612. As concessões serão preferencialmente organizadas em lote, para fins de permitir o subsídio cruzado e com isto a generalidade do atendimento.

Art. 613. Em caso de violação à política tarifária, ou de obstáculo injustificado oposto pela Administração Pública ao andamento da concessão, o concessionário poderá rescindir a concessão perante o Poder Judiciário, mediante juízo arbitral ou, ainda, em câmara de conciliação, sendo devida indenização pela Administração Pública pela metade do tempo de concessão restante.

Parágrafo único. Os órgãos de resolução de controvérsia poderão, contudo, resumir-se a ajustar o valor da tarifa ou estender o tempo de concessão.

Art. 614. As licitações para concessão poderão se valer do procedimento de pré-qualificação.

Art. 615. Os editais de concessão serão divulgados no Portal Nacional de Contratação Pública e preferencialmente serão por lá processadas.

Art. 616. As empresas punidas com impedimento de licitar e declaradas inidôneas não poderão participar de licitações de concessão de serviço público.

Art. 617. É condição de eficácia do contrato de concessão e permissão a publicação no portal nacional de contratações públicas.

Art. 618. O equilíbrio econômico-financeiro inicial do contrato será mantido mediante reajustes anuais, devendo ainda ser levado em conta, inclusive mediante repactuação:

I – aumento de tributação, sob qualquer forma, inclusive base de cálculo, que não seja sobre a renda da empresa ou pessoa física;

II – aumento dos riscos inerentes ao objeto da concessão;

III – aumento dos insumos necessários ao funcionamento da concessão superiores a vinte por cento;

IV – aumento ou diminuição do uso dos serviços concedidos superiores a vinte por cento;

V – caso fortuito ou força maior;

VI – fato do príncipe;

VII – atualização monetária.

Parágrafo único. Os aumentos usuais de remuneração de empregados motivados pela lei, convenção ou acordo coletivo não serão levados à conta para efeito de repactuação de tarifa, assim como o aumento de custo decorrente de satisfação de obrigação de fiscalização para o ente concedente ou outro ente federativo.

Art. 619. Os reajustes, revisões e repactuações deste Código serão realizados diretamente entre a representação da empresa e o gestor da concessão, Advocacia Pública, câmara de conciliação ou levados a arbitragem.

Art. 620. Em caso de evento social, econômico ou climático grave e imprevisível, o tempo de concessão poderá ser estendido para além do previsto neste Código, visando a satisfazer as expectativas legítimas do concessionário, mas nunca por mais de cinco anos.

Art. 621. O contrato poderá prever fontes alternativas de receita para o concessionário, desde que não atinja bem público permanente ou onere o núcleo do serviço.

Art. 622. Até a homologação do certame será possível à Administração Pública revogar a licitação de concessão sem qualquer ônus, sendo que, após a assinatura do contrato, a Administração deverá pagar pelo menos a mobilização para a realização do objeto e lucros cessantes no importe de um por cento do objeto total do contrato.

Art. 623. Em caso de anulação da licitação e da concessão sem responsabilidade de qualquer das partes, resolver-se-ão as obrigações.

Art. 624. No caso de extinção do objeto da concessão, resolver-se-á a concessão sem necessidade de quaisquer indenizações, salvo se ainda existirem bens reversíveis, que serão incorporados ao poder público.

Art. 625. Mediante lei, é possível a encampação do serviço, com as devidas indenizações pelo valor investido, pelos bens reversíveis adquiridos, pela mobilização do serviço e pelos lucros cessantes, que serão calculados pela metade do tempo restante para a concessão.

Art. 626. É proibido usar, como critério de pontuação em julgamento, a experiência em prestação daquele serviço específico.

Art. 627. Três anos antes da extinção da concessão, o poder concedente instalará comissão preparatória para os atos de extinção da concessão, com avaliação e recebimento dos bens reversíveis e solvência de obrigações recíprocas, devendo o processo de licitação para a nova concessão iniciar pelo menos dois anos antes do final da concessão.

Art. 628. Os órgãos de controle internos e externos, assim como as instituições representativas da comunidade, velarão pelos processos de extinção e eventual nova licitação da concessão.

Art. 629. Aplicam-se, quanto ao mais, as normas relativas à licitação para aquisição de bens e serviços.

Seção IV – Dos Serviços Públicos Sociais

Art. 630. Os serviços públicos sociais são instrumentos de políticas públicas voltados à satisfação de direitos sociais coletivos e serão prestados pelo poder público e por particulares, nos termos do planejamento das políticas públicas, o qual deverá prever o percentual de serviço público prestado diretamente pelo poder público e por privados, sendo que tal percentual será continuamente revisado nas audiências e fóruns de políticas públicas.

Art. 631. Poderão prestar serviços públicos sociais a Administração Direta, as autarquias, as associações públicas de Direito Público e Privado e as fundações públicas de Direito Público e Privado.

Art. 632. A infraestrutura dos serviços sociais prestados pelo poder público poderá ser composta por bens públicos ou privados locados ou arrendados.

Art. 633. Poderão ser estabelecidas parcerias público-privadas na modalidade administrativa para o apoio na prestação pública dos serviços públicos sociais, sendo proibida a substituição de regime pessoal público por privado e com limites de parcerias não maiores que o território de vinte Municípios, para os Estados, e três Estados, para a União.

Art. 634. Serão admitidas contratações de pessoal simples para as atividades de limpeza, vigilância, manutenção predial nos serviços públicos sociais, tecnologia de redes e informática, vedada a quarteirização, além da contratação de soluções inovadoras de tecnologia.

Art. 635. Pelo menos trinta por cento da educação básica, fundamental e média será oferecida na forma de escola pública gratuita, com professores concursados, sendo o percentual apontado neste artigo periodicamente aumentado.

Parágrafo único. Enquanto não alcançada a universalidade e a generalidade, as prestações serão regidas pela seletividade e distributividade.

Art. 636. Quando prestados por particulares, os serviços públicos sociais estão sujeitos a normas regulatórias, nos termos deste Código, emanadas pelos órgãos responsáveis pelas políticas públicas setoriais.

Art. 637. Os serviços públicos sociais serão autorizados pelo poder público, constituindo a autorização o ato administrativo vinculado decorrente de processo administrativo, não podendo a Administração Pública, por ato regulamentar, suspender processos de autorização de forma genérica, a não ser no caso de fase de elaboração ou revisão de norma regulatória.

Parágrafo único. Os parâmetros de qualidade serão continuamente revistos conforme os melhores padrões do estado da arte científico.

Art. 638. Os serviços públicos de educação, saúde e previdência social serão autorizados mediante o cumprimento dos requisitos presentes em legislação específica, a qual fixará os períodos de renovação da autorização, sem prejuízo do disposto neste Código.

Art. 639. Não necessitam de autorização os serviços públicos gratuitos de assistência social e aqueles relacionados com a proteção da cultura e do patrimônio histórico, assim como os de promoção do voluntariado, novos modelos socioprodutivos e de sistemas alternativos de produção, comércio, emprego e crédito, ao esclarecimento ambiental, da paz e da Democracia e do combate à fome, à pobreza e à falta de moradia, podendo, de todo modo, estes serviços serem fomentados e, ainda, fiscalizados na forma ordinária.

Art. 640. Em caso de não atendimento de padrões de qualidade estabelecidos pela regulação, o serviço poderá sofrer intervenção ou ainda ter sua autorização cassada, entre outras sanções, podendo, ainda, existir ranqueamento e atribuição de pontuação aos serviços.

Art. 641. Consideram-se regidas pelo Direito Público as relações entre Administração Pública e destinatário do serviço, assim como a relação com o órgão regulador.

Art. 642. Os prestadores de serviços sociais, mesmo que privados, são obrigados a respeitar os direitos do cidadão destinatário das políticas públicas previstos neste Código, incluindo as obrigações de neutralidade e de fundamentação dos atos.

Art. 643. Os atos médicos, incluindo a decisão sobre internação, assim como os atos pedagógicos, são considerados atos administrativos, e estão submetidos a seu regime jurídico, mesmo que efetivados por privados em regime lucrativo.

Art. 644. As instituições comunitárias e confessionais terão preferência para o estabelecimento de parcerias com o poder público, constituindo-se em alternativa para o oferecimento dos serviços e contando com preferência orçamentária, inclusive no que toca às emendas parlamentares.

Art. 645. Aplica-se o disposto neste capítulo aos serviços sob fomento.

Seção V – Dos Serviços Administrativos

Art. 646. Consideram-se serviços administrativos aqueles prestados para a satisfação das necessidades da própria Administração.

Art. 647. Os serviços administrativos podem ser prestados total ou parcialmente por entidade pública ou, ainda, por parceria público-privada na modalidade administrativa, que será pactuada com a entidade pública prestadora de serviços à Administração.

Art. 648. Mesmo que prestados por entidades públicas privadas, mantêm-se os deveres de publicidade e impessoalidade, com integração entre os sistemas e publicação em tempo real das decisões administrativas, salvo segredos comerciais e industriais.

Seção VI – Dos Serviços de Conveniência

Art. 649. Consideram-se serviços públicos de conveniência aqueles prestados pela Administração Pública, de qualquer ente, que atendam à comodidade da população, de forma gratuita ou remunerada, não sendo constitucionalmente obrigatórios.

Art. 650. O serviço de conveniência será oferecido para a população na forma de legislação e planejamento das políticas públicas e será regido pelo Direito Público.

Art. 651. Eventuais privados que prestem o mesmo serviço não serão atingidos por qualquer norma de Direito Público.

Art. 652. O poder público pode adquirir o serviço de particulares, mediante as formas de regulamentação ordinárias, e colocá-lo à disposição da população, sendo que, neste caso, a relação passa a ser de Direito Público.

Capítulo IV – Dos Serviços Econômicos Estatais

Art. 653. Consideram-se serviços econômicos estatais aqueles que decorrem da atuação direta da Administração Pública na economia, em regime de concorrência.

Art. 654. Os serviços econômicos estatais serão regidos pelo Direito Privado, recaindo, contudo, minimamente, as seguintes regras:

I – motivação e publicidade dos atos, inclusive os funcionais, salvo aqueles relacionados estritamente à atividade empresarial;

II – licitação e concurso público, salvo nas operações comerciais;

III – impessoalidade na gestão do serviço, compreendendo a relação com os fornecedores e com os empregados;

IV – igualdade na prestação, entendida como a ausência de preferência a usuários dos serviços, os quais podem ser oferecidos em diferentes graus de qualidade e preços;

V – preço adequado às necessidades de atendimento da população, expansão do serviço e geração de receitas para o ente público.

Art. 655. Mediante iniciativa pública e com uso de código aberto, o poder público poderá disponibilizar, de forma gratuita ou módica, serviços digitais de intermediação entre prestadores de serviços, estabelecimentos comerciais e consumidores, devendo o poder público velar pelas regras de proteção de dados, segurança de trânsito e patrimonial e pela proteção ao consumidor, além do acolhimento ao trabalhador de plataforma, com a garantia de seus direitos previdenciários.

§1º Outros entes federativos poderão usar das plataformas criadas, com ou sem remuneração ao ente programador.

§2º A União elaborará e disponibilizará aos demais entes federativos, gratuitamente, modelos de plataformas de entregas, transporte e demais formas de prestação de serviços.

§3º O poder público poderá fomentar a criação de cooperativas, dando-lhes assistência técnica, nos termos deste artigo.

Art. 656. Os serviços econômicos estatais estarão inseridos dentro dos objetivos de política pública, podendo ser prestados pela União, Estados-Membros, Municípios e Distrito Federal.

Capítulo V – Dos Serviços de Interesse Geral

Art. 657. Consideram-se serviços de interesse geral aqueles prestados por particulares ou pelo poder público que, sem consistirem em serviço público ou monopólio público, caracterizam-se pela sua especial importância para a coordenação social, nos termos da legislação.

Art. 658. Os prestadores de serviços de interesse geral terão obrigações definidas em regulamento ou norma regulatória, podendo consistir em obrigações ou regulações sobre as seguintes matérias, entre outras:

I – obrigações de generalidade e garantias de continuidade dos serviços ofertados;

II – fixação de faixas de preço máximas para os serviços oferecidos;

III – conteúdos mínimos do serviço prestado.

Art. 659. Consideram-se serviços de interesse geral aqueles realizados por meio de plataformas virtuais que aproximam prestadores de serviços, empresas e consumidores, devendo o poder público minimamente estatuir:

I – regras de proteção de dados dos trabalhadores e dos consumidores;

II – formas de reclamação pelos serviços prestados;

III – seguros para o caso de danos causados a usuários e prestadores;

IV – serviços de acolhimento aos trabalhadores;

V – integração dos trabalhadores à Previdência, sob qualquer forma.

VI – nos termos de norma regulatória, preços mínimos e jornadas máximas de trabalho.

Art. 660. Consideram-se serviços de interesse geral os serviços de plataforma digital caracterizados pela aproximação de pessoas em rede, não importando sua finalidade.

Art. 661. O disposto nesta seção não exclui outras obrigações decorrentes do poder regulatório da Administração Pública.

Capítulo VI – Do Fomento Público

Art. 662. Mediante fomento público, a Administração Pública de qualquer dos entes federativos poderá cooperar com particulares para a realização de atividades coincidentes com o interesse público.

Art. 663. O fomento público pode servir para a indução de benefícios individuais, com repercussões de interesse público, ou para a produção de benefícios coletivos.

Art. 664. São formas de fomento, entre outras, a:

I – prestação pecuniária direta;

II – concessão de estímulos fiscais;

III – prestação de serviços;

IV – contratação de empréstimos em condições facilitadas;

V – cedência temporária de bens e servidores públicos, ou entrega definitiva de bens;

VI – concessão de distinções honoríficas, sob variadas formas previstas em regulamento, inclusive o elogio em sistema de comunicação público.

Art. 665. Caso o fomento público gere, em sua relação com o fomentado, serviço contínuo, regular e financiamento total ou substancialmente público, não importando a natureza da fonte dos recursos, incidirá parcialmente o regime jurídico de Direito Público, com as seguintes regras de, entre outras previstas na Constituição, neste Código, na Lei, legislação autônoma e acordo de fomento:

I – imparcialidade, entendidas como tais aquelas proibitivas de discriminação por etnia, preferência religiosa, orientação afetiva e expressão de gênero;

II – motivação e publicidade, nos termos deste Código;

III – impessoalidade, compreendida como tal a uniformidade do atendimento;

IV – isonomia, entendida como a igualdade nas prestações fomentadas.

Parágrafo único. O instrumento de fomento, seja qual for a denominação utilizada, deverá conter, minimamente, além do previsto em lei e regulamento específico:

I – a forma de fomento;
II – as condições em que vai se dar a prestação do serviço;
III – o quantitativo de atendimentos;
IV – a prova da igualdade no entendimento dos destinatários;
V – o controle da conformidade dos processos legais, inclusive de meios;
VI – regras éticas e morais envolvendo a relação com os destinatários, fornecedores e colaboradores;
VII – preenchimento de regras de conformidade e de proteção de dados;
VIII – a impessoalidade na seleção e exclusão de funcionários, devendo ser evitada a contratação de pessoa jurídica como forma de seleção de pessoal;
IX – a impessoalidade na contratação de fornecedores;
X – a preservação das obrigações de neutralidade, generalidade e universalidade;
XI – a observância das normas de conforto social, acessibilidade e de responsabilidade ambiental.

Art. 666. A Administração Pública elaborará normatização de processo impessoal de aquisição de bens e serviços e de seleção e gestão de pessoal pelo ente fomentado, ao qual o ente fomentado poderá aderir, se preferir não aplicar a lei de licitações.

Parágrafo único. Mediante opção do ente federado, poderá ser aplicado o regulamento de processo impessoal de aquisição de bens e serviços e de gestão de pessoal de outro ente federativo.

Art. 667. As entidades parceiras poderão contratar prestações específicas com terceiros, mas nunca a totalidade do serviço.

Parágrafo único. Fica vedada a quarteirização.

Art. 668. Os acordos de fomento não poderão ser superiores a dez anos.

Art. 669. O acordo de fomento relacionado à prestação de serviços de saúde e de prestação direta de serviços de educação não poderá abranger mais do que cinco Municípios, quando contratados por Estado-Membro, ou dois Estados-Membros, quando contratados pela União.

Art. 670. Os entes fomentados serão controlados tanto em nível interno como externo, podendo receber quaisquer sanções e medidas geralmente direcionadas aos administradores públicos, inclusive a suspensão e atos e contratos não só entre a Administração Pública e o fomentado, mas também com relação a terceiros.

Art. 671. O fomento poderá ser somente honorífico.

Capítulo VII – Da Regulação

Art. 672. Considera-se regulação a atividade da Administração Pública Direta, autárquica e de associações públicas de Direito Público que cria e aplica normas regulatórias, as quais consistem nos seguintes instrumentos, e que são considerados inerentes ao poder regulatório, além de outros expressos em lei específica:

I – a normatização técnica e o sancionamento pelo não cumprimento das normas técnicas;

II – a fixação e aplicação de sanções em geral;

III – o estabelecimento de padrões de qualidade para os serviços oferecidos à população;

IV – a fixação de faixas de preço máximas e mínimas para os serviços;

IV – a determinação de conteúdos mínimos para as relações jurídicas entre cidadão usuário dos serviços públicos, de utilidade geral ou econômicos, e os entes regulados.

V – a outorga de concessões, permissões e autorizações necessárias à prestação dos serviços.

VI – a execução e regulamentação de planos econômicos, setoriais e desenvolvimento, previstos em lei e voltados aos particulares, cujo cumprimento é meramente indicativo.

Art. 673. Consideram-se poder de polícia os instrumentos sancionatórios utilizados na regulação, aplicando-se o regime específico para o poder de polícia previsto neste Código.

Art. 674. A instituição e modificação de obrigações regulatórias constarão de estudo de impacto regulatório, o qual será desnecessário se inserido dentro de estudo de política pública ou de programa.

Art. 675. Mediante manifestação de interesse social, entidades representativas da comunidade poderão provocar as entidades reguladoras acerca do conteúdo e conveniência de normas regulatórias, inclusive com a possibilidade de apresentação de projetos de atos regulatórios.

Art. 676. Os órgãos e entidades reguladores podem cumprir outras funções, tais como de fomento, sancionamento, intervenção na propriedade e prestação direta de serviços, tanto para o setor regulado como para a população em geral.

Art. 677. O poder público, dentro do contexto das políticas públicas, usará seus órgãos de planejamento e pesquisa para a elaboração de planos econômicos e setoriais indicativos para o setor privado.

Parágrafo único. Os planos terão a forma jurídica, mas dele serão extraídos manuais ou outras formas de fácil explicação e visualização.

Capítulo VIII – Da Exploração Direta da Atividade Econômica pela Administração Pública

Art. 678. A União, os Estados-Membros, os Municípios e o Distrito Federal explorarão diretamente atividade econômica nos casos especificados na Constituição, sendo considerado de relevante interesse coletivo, conforme definido em lei específica de criação da empresa estatal:

I – a insuficiência do setor econômico privado, caracterizada ou pela ausência de concorrência ou pela falta de atendimento total ou parcial de oferecimento de bens ou serviços à população, ou pela onerosidade dos bens ou serviços que impeçam o pleno acesso pela população;

II – o oferecimento de bens e serviços acessíveis à generalidade da população;

III – a realização de objetivos econômicos de regulação por meio da concorrência com privados;

IV – o oferecimento de bens e serviços de base ao setor econômico privado;

VI – outras hipóteses previstas em lei.

§1º A geração de receitas para o ente federativo é um objetivo e política legítima da atividade econômica da Administração Pública, desde que conjugada com um dos incisos deste artigo.

§2º A insuficiência do setor econômico privado será objeto de estudo por parte das unidades federativas, as quais poderão realizar convênios com outras entidades da Administração ou instituições de ensino públicas ou comunitárias.

§3º Nos casos previstos neste artigo, a atuação da Administração Pública poderá ser subsidiária ou integral.

§4º Não é necessário que a insuficiência do setor privado seja completa para legitimar a atuação subsidiária econômica da Administração Pública.

Art. 679. A Administração Pública dos entes federativos poderá participar como sócia, em diferentes níveis de participação, de empresa de titularidade privada já existente ou a ser criada, mediante ato individual, desde que no contexto de política de desenvolvimento, com as seguintes finalidades, alternativamente:

I – geração de receitas para o ente federativo;

II – atuação em setor de insuficiente satisfação exclusivamente privada;

III – produção de inovação, mesmo que com possíveis resultados negativos.

§1º Em qualquer grau de participação, sempre existirão representantes do poder público nos conselhos diretivos das empresas.

§2º A participação societária pode ser adquirida por contribuição direta, remuneração por empréstimo, pagamento por uso ou cedência de bem público, compensação ambiental ou social ou pagamento por isenção fiscal condicionada ou mediante creditamento.

§3º O poder público poderá participar também de empreendimentos de populações vulneráveis que se realizarem sob outras formas jurídicas.

Capítulo IX – Dos Instrumentos de Regulação da Propriedade

Seção I – Da Desapropriação

Subseção I – Das Normas Gerais

Art. 680. Desapropriação é o processo mediante o qual a União, os Estados-Membros, os Municípios e o Distrito Federal poderão adquirir de forma compulsória bens de qualquer natureza necessários à implementação das políticas públicas.

Art. 681. A desapropriação por necessidade ou utilidade pública dar-se-á para a efetivação dos seguintes interesses, entre outros:

I – o uso do solo, bens e empreendimentos necessários à defesa nacional, conforme indicado por órgão militar, sendo a desapropriação realizada por órgão civil;

II – a defesa civil, compreendidas as calamidades decorrentes da natureza, da interação entre fatores humanos e a natureza, ou para prevenção contra consequências de desastres humanos ou combate a esses impactos;

III – a saúde e a salubridades públicas;

IV – a criação de centros de distribuição de bens essenciais ao público, incluindo alimentos;

V – a distribuição de bens essenciais à população, em caso de escassez ou abuso de poder econômico;

VI – a instalação de equipamentos, infraestrutura e áreas necessárias para as atividades de mineração, geração e distribuição de energia elétrica, em qualquer modalidade, centros de informática e inteligência artificial, telecomunicações em qualquer modalidade, o aproveitamento de energia hidráulica, a distribuição de recursos hídricos, o descarte de resíduos sólidos e esgoto industrial e doméstico;

VII – a instalação de infraestrutura e áreas necessárias para serviços públicos sociais em geral, como aqueles relacionados à educação e saúde;

VIII – as obras de racionalização do uso do solo urbano, o parcelamento sem finalidade social, as operações consorciadas, o embelezamento urbano e as operações urbanísticas em geral;

IX – a criação de distritos agrários e rurais;

X – a criação de equipamentos e áreas públicas de lazer em geral ou monumentos públicos;

XII – a construção, a abertura e o melhoramento de vias urbanas, estradas rodoviárias e de ferro em área urbana e rural, portos, aeroportos, infraestrutura aeroespacial, e navegação de cabotagem, fluvial e lacustre;

XIII – a instalação de equipamentos, infraestrutura e áreas necessárias para o pleno funcionamento dos instrumentos de políticas públicas descritos neste Código, incluindo o poder de polícia e os serviços públicos em geral;

XIV – a equidade decorrente de área sujeita à valorização extraordinária resultante de obra pública ou que seja custeada total ou parcialmente com recursos públicos;

XV – a recuperação de titularidade pública de áreas que, em sendo originalmente públicas, como ilhas ou terrenos marginas, por força de coisa julgada ou decisão administrativa, tenham caído definitivamente em domínio privado;

XVI – a proteção e a recuperação de solo, flora, fauna, recursos hídricos e paisagens notáveis;

XVII – a preservação de bens de valor histórico, paleontológico, espeleológico, arqueológico, étnico, cultural, paisagístico, artístico ou turístico, ou o desenvolvimento dessas atividades.

§1º As hipóteses de desapropriação deste artigo podem ser realizadas por qualquer ente federativo, no âmbito de suas políticas públicas.

§2º Não será necessária a desapropriação de espaço aéreo, quando não afete interesse econômico legítimo e tampouco de subsolo, considerando-se tal aquele relacionado aos usos de construções na região.

Art. 682. A desapropriação por interesse social dar-se-á para a efetivação dos seguintes interesses, entre outros:

I – o aproveitamento de qualquer bem improdutivo, seja de que natureza for;

II – o estabelecimento de loteamentos agrícolas, urbanos, a construção de casas populares, ou a regularização fundiária, seja qual for a causa da irregularidade;

III – a reforma agrária sob a forma não sancionatória;

IV – a destinação de áreas às comunidades indígenas que, embora não se encontrassem em área de ocupação tradicional em 05 de outubro de 1988, foram ocupadas tradicionalmente em período anterior, ou qualquer outra área, caso não exista ocupação tradicional, em todos os casos sendo a área desapropriada adequada em tamanho e qualidade para seu desenvolvimento e reprodução, segundo seus usos, costumes e tradições.

V – o favorecimento de comunidades tradicionais.

§1º As hipóteses de desapropriação deste artigo podem ser realizadas por qualquer ente federativo.

§2º É competência comum da União, Estados, Municípios e Distrito Federal a desapropriação ordinária para fins de reforma agrária não sancionatória, loteamentos populares e destinação de áreas aos povos indígenas, quilombolas ou outros povos dotados de tradicionalidade.

§3º A caracterização do caráter improdutivo do bem será estabelecida por legislação autônoma de qualquer ente federativo e será exclusiva para os fins de desapropriação não sancionatória.

Art. 683. A distinção entre desapropriação por utilidade pública ou interesse social somente terá relevância para a definição do destinatário do bem desapropriado.

Art. 684. As desapropriações com caráter sancionatório serão reguladas por lei específica.

Art. 685. Em caso de desapossamento causado pela Administração, o proprietário poderá requerer a reintegração de posse, salvo se a Administração der utilidade pública para o bem, situação na qual se operará a desapropriação indireta.

§1º No caso deste artigo, o proprietário terá o prazo de quinze anos para ajuizar ação de indenização por desapropriação indireta, regendo-se, no couber, pelas disposições deste Código.

§2º Em áreas adjacentes às áreas regularmente desapropriadas, mas que, por qualquer causa, estejam em posse da Administração Pública, o prazo será de dez anos.

Art. 686. Uma vez incorporados ao domínio público, os bens poderão ser aproveitados em qualquer finalidade pública, nos termos deste Código, podendo ser alienados ou cedidos sob qualquer forma, sem necessidade de lei autorizadora.

Subseção II – Do Processo Desapropriatório

Art. 687. O processo desapropriatório consiste em uma fase declaratória, com as consequências previstas neste Código, e uma executiva, a qual iniciará de forma administrativa, podendo, ser for o caso, transformar-se em judicial.

Art. 688. Possuem competência para declarar bem como destinado ao processo de desapropriação:

I – os chefes do Poder Executivo da União, Estados-Membros, Municípios e Distrito Federal;

II – os Ministros de Estado e os Secretários estaduais e municipais, no âmbito de sua competência;

III – os órgãos diretivos de autarquias, salvo os de caráter corporativo;

IV – os órgãos diretivos de associação pública de Direito Público.

Parágrafo único. O ato declaratório inicia o processo administrativo expropriatório, que terá a forma deste Código e de legislação autônoma do ente federativo.

Art. 689. O ato declaratório pode ser individual ou coletivo, discriminando-se de forma precisa, de todo modo, os bens a serem expropriados.

Art. 690. A discussão judicial sobre domínio ou irregularidade da propriedade, inclusive no que toca ao seu registro, não impedirá a desapropriação, nem em sua fase administrativa, nem na judicial.

Art. 691. Iniciado o processo administrativo, a Administração Pública poderá adentrar imóvel para fixar o estado do bem, relatando-se tudo em ata administrativa que será juntada ao processo administrativo, inclusive com eventuais imagens, tudo mediante notificação prévia ao proprietário ou possuidor, com prazo de no mínimo uma semana entre a notificação e a visita.

§1º As benfeitorias necessárias serão indenizadas, mesmo que posteriores à visitação, sendo as úteis indenizadas mediante acordo entre as partes, que pode ser realizado antes ou após a realização da obra.

§2º Caso o bem a ser expropriado seja bem móvel, a Administração Pública poderá visitar o bem onde quer que esteja para avaliar seu estado de conservação.

§3º Em caso de necessidade de acesso a domicílio de proprietário, entendido como casa, pátio, apartamento ou assemelhado, a providência será autorizada pelo juízo.

§4º A Administração poderá elaborar a ata por visita remota, mediante imagem aérea, obtida de qualquer meio.

Art. 692. O ato declaratório terá validade por dois anos em todas as hipóteses deste Código, findo o qual caducará, só podendo existir nova declaração, em novo processo administrativo, após o decurso de seis meses.

Art. 693. Possuem competência para promover a fase executiva:

I – a Administração Direta da União, dos Estados-Membros, dos Municípios e do Distrito Federal;

II – as autarquias, salvo as corporativas;

III – as associações públicas.

Art. 694. Possuem competência para promover a fase executiva, nos termos de contrato administrativo:

I – os concessionários e permissionários de serviço ou obra pública;

II – o contratado pela Administração Pública para a execução de obras e serviços de engenharia, nos termos de lei específica.

Art. 695. O responsável por promover a fase executiva oferecerá o preço do bem ao proprietário, sucessor, cedido ou assemelhado ou possuidor, na forma do regulamento, com prazo não inferior a quinze dias para a aceitação da oferta.

§1º O proprietário pode fazer contraoferta, a qual pode ou não ser aceita pelo ente executante.

§2º Poderá ser objeto de oferta ou negociação o estabelecimento de prazos, parcelamentos, compensação de tributos, oferecimento de bens ou créditos, inclusive tributários.

§3º O responsável pelo processo expropriatório, caso seja entidade diversa da entidade declarante, registrará seus atos no processo administrativo expropriatório, mediante mecanismos de interoperabilidade.

Art. 696. Aceito o preço, será firmado contrato administrativo, que será registrado no Registro de Imóveis respectivo e formará nova matrícula para o imóvel, com menção, contudo, do número do processo administrativo expropriatório, bastando, para tanto, a apresentação do contrato administrativo pelo ente expropriador.

Parágrafo único. O contrato administrativo pode ter cláusulas acessórias, como a de prazos para desapossamento e levantamento de bens.

Art. 697. O expropriado poderá, em comum acordo com a Administração, levar a discussão às câmaras de conciliação administrativa ou à arbitragem, situação em que, logrado acordo, proceder-se-á na forma do artigo anterior.

Art. 698. A ação de desapropriação seguirá o rito comum, podendo a parte ré, em sede de contestação, oferecer como defesa a nulidade do processo judicial, a inadequação do preço e a nulidade do processo administrativo, incluindo o desvio de finalidade, não abarcado no item anterior o mérito do ato de desapropriação.

Art. 699. Caso a desapropriação esteja em projeto coletivo consistente em diversas desapropriações, é competente para julgar todas as desapropriações o juízo que estiver no início ou final físico da obra e acabar prevento, conforme ajuizado pelo ente expropriante.

Art. 700. O ente expropriante que, oferecendo e depositando prontamente em conta vinculada ao processo judicial valor que corresponda ao valor venal do bem, ou declarado à Administração tributária, desde que não inferior ao oferecido ao proprietário, poderá imitir-se provisoriamente na posse do bem.

§1º O mero depósito gera direito à imissão, que será deferido pelo juízo, com ou sem condições, conforme o caso.

§2º Mesmo que não exista acordo sobre o preço, poderá existir acordo com relação à forma e o ritmo do desapossamento, no caso deste artigo.

§3º Posteriormente, o juízo poderá exigir reforço do preço do depósito para imissão, que necessariamente será realizado em depósito, sem prejuízo do que vier a ser decidido ao final.

§4º A parte, mesmo não concordando com o depósito de imissão, poderá sacar noventa por cento do valor depositado, sem prejuízo da discussão do valor total da indenização.

§5º Caso a parte concorde com o valor do depósito de imissão, poderá levantar a totalidade do valor depositado.

§6º A concordância com o preço depositado resolve o processo, sem honorários para as partes.

Art. 701. A mera contiguidade de área federal não atrai a competência da Justiça Federal, salvo requerimento de manifestação de interesse processual de entidade pública federal, após intimação da justiça comum ao órgão de representação da Advocacia Pública.

Art. 702. Caso exista imissão provisória da posse, combinada com diferença entre o preço efetivamente depositado e aquele estabelecido pelo juízo, o valor será corrigido e remunerado pelo índice de correção dos tributos federais.

Art. 703. O preço a ser fixado pelo administrador e pelo juiz deverá ser justo, entendido como tal aquele que compreende o valor da aquisição, o uso geral da região e o específico atribuído pelo proprietário, o valor venal da região, a valorização ou desvalorização da área, os lucros cessantes, compreendendo o prazo de dois anos, não integrando o valor de direitos de terceiro contra o expropriado e excluindo-se, de todo modo, do valor da indenização a valorização decorrente do próprio uso público a ser dado futuramente ao bem.

Parágrafo único. O juízo valer-se-á do auxílio de perito judicial em todos os casos, mesmo no caso de proprietário em situação de revelia.

Art. 704. A decisão judicial transitada em julgado na instância ordinária é título hábil ao registro e formação da nova matrícula.

Art. 705. Seja na forma administrativa, seja na forma judicial, efetivada a desapropriação, em nenhuma hipótese o domínio público será desfeito para retorno à situação anterior.

Parágrafo único. Quaisquer discussões sobre repercussões econômicas da dominialidade, posse ou outros direitos sub-rogar-se-ão no preço pago, que, a critério do juízo, poderá permanecer total ou parcialmente depositado.

Art. 706. Caso seja inviável dar utilidade pública para o bem desapropriado, e não exista interesse em manter o bem como estoque patrimonial da Administração, o bem poderá ser alienado para fins meramente patrimoniais, dando-se preferência ao expropriado, tanto por tanto.

Art. 707. O pagamento da indenização, ou da diferença entre o preço depositado para a imissão e a condenação, seguirá o procedimento usual de requisitório judicial, caso o ente federativo esteja substancialmente adimplente em suas obrigações decorrentes de condenação judicial.

Parágrafo único. Caso o ente não esteja substancialmente adimplente, o pagamento realizar-se-á mediante depósito judicial.

Art. 708. A instituição de servidão que gere diminuição do proveito econômico será regulada pelas disposições relacionadas à desapropriação.

Art. 709. Uma servidão poderá se tornar pública se, após sua constituição na forma civil, seu uso aparente se tornar comunitário.

Art. 710. Uma servidão aparente de uso comunitário, mesmo que não regularmente constituída, pode tornar-se ou servidão pública ou propriedade pública, aplicando-se as regras da desapropriação indireta.

Subseção III – Das Desapropriações de Algoritmos e Macrodados

Art. 711. A Administração Pública da União poderá desapropriar algoritmos de qualquer tipo, incluindo os decorrentes de inteligência artificial.

Art. 712. A Administração Pública da União poderá desapropriar macrodados privados e seu tratamento.

Art. 713. Nos casos de desapropriação especial, o valor da indenização compreenderá o custo de desenvolvimento, a amortização do respectivo desenvolvimento e os lucros cessantes pelo período de dois anos.

Art. 714. A desapropriação efetivar-se-á pela notificação ao proprietário dos macrodados ao algoritmo, sendo a entrega objeto de termo a que poderá ser dada confidencialidade parcial.

Parágrafo único. Caso não exista entrega voluntária, a Administração Pública oficiará servidor ou assemelhado no Brasil, que tenha dos dados depositados, ou usará de formas indiretas de execução regulamentadas pela legislação de acesso à rede e de proteção de dados, e que incluirá inclusive restrição de autorização de funcionamento em território nacional.

Art. 715. No que couber, aplicam-se aos casos de desapropriação especial o disposto neste Código sobre o processo de desapropriação.

Seção II – Da Expropriação

Art. 716. A expropriação dar-se-á nos casos previstos na Constituição e incidirá, também, sobre os bens utilizados para a prática de qualquer crime.

Art. 717. Se existir perigo de deterioração de bem apreendido em razão da prática de crime, o juiz criminal, a requerimento do Ministério Público ou da polícia judiciária, poderá autorizar o uso cautelar de interesse público do bem, resolvendo-se em perdas e danos no caso de absolvição posterior, com ou sem devolução do bem, conforme escolha do réu.

Art. 718. A expropriação pode se dar como incidente de processo criminal, em qualquer caso.

Art. 719. O bem expropriado poderá ser entregue a outro ente federativo, nos termos de convênio.

Art. 720. O Poder Judiciário estabelecerá com os outros poderes sistema interoperável para a informação e transferência, em tempo real, dos bens apreendidos e expropriados.

Seção III – Da Limitação Administrativa

Art. 721. Considera-se a limitação administrativa a obrigação de fazer ou não fazer incidente sobre propriedade pública ou particular, definida de forma direta em lei ou mediante autorização genérica legal para o regulamento, mediante norma geral e impessoal.

Parágrafo único. A limitação administrativa pode ser direcionada a certos tipos de bens pelo seu uso, finalidade ou localização, sem comprometer a natureza de limitação administrativa.

Art. 722. A limitação administrativa não gerará direito à indenização, ressalvado o disposto em norma especial.

Art. 723. O direito de construir será estabelecido por norma municipal e poderá pressupor, a depender de legislação urbanística, contrapartida à Administração Pública.

Art. 724. Caso a limitação administrativa implique perda de mais de noventa por cento da utilidade econômica da propriedade, conforme os usos locais, o poder público indenizará o proprietário, nos termos da legislação sobre desapropriação ou mediante ajuste direto com a Advocacia Pública ou com as câmaras de conciliação, conforme iniciativa do prejudicado.

Seção IV – Da Servidão Administrativa

Art. 725. Considera-se servidão a imposição de limitação específica a bem privado em favor do interesse público.

§1º Caso a servidão não gere repercussão econômica na esfera da propriedade privada, ela será instituída mediante procedimento administrativo simplificado, com notificação da obrigação ao proprietário.

§2º Se a servidão retirar parcialmente o uso ou fruição de utilidade econômica, deverá ser utilizado o processo de desapropriação.

§3º A servidão administrativa pode ser instituída por ato de efeitos individuais ou coletivos, mas sempre para imóveis individualizáveis.

Seção V – Do Tombamento

Art. 726. Considera-se tombamento a instituição de obrigações de conservação a bens móveis e imóveis que direta ou indiretamente possuam interesse histórico, paleontológico, espeleológico, arqueológico, étnico, cultural, paisagístico, artístico ou turístico.

Art. 727. O processo de tombamento será exclusivamente administrativo e iniciará mediante provocação de entidades da sociedade civil, do proprietário ou de ofício, tendo como ato inicial, após a portaria de instituição, parecer de órgão de cultura do ente federativo interessado quanto ao mérito histórico, paleontológico, espeleológico, arqueológico, étnico, cultural, paisagístico, artístico ou turístico do bem tombado, cujo conteúdo não poderá ser objeto de questionamento judicial, salvo em caso de desvio de finalidade.

§1º O ente federativo será obrigado a se manifestar em caso de provocação de entidade da sociedade civil acerca do mérito do tombamento de determinado bem e, caso exista presença de interesse histórico ou cultural, será obrigado a proceder ao tombamento.

§2º O parecer poderá ser elaborado por entidade conveniada ou contratada, desde que sem fins lucrativos.

Art. 728. Serão compulsoriamente tombados pela União, Estados e Municípios os bens que forem relacionados com os seus respectivos processos de criação e independência, assim como bens de valor histórico, paleontológico, espeleológico, arqueológico, étnico, cultural, paisagístico, artístico ou turístico, relacionados às instituições e aos grupos que compõem a identidade nacional, como também aqueles que possuam mais de dois séculos de construção.

Art. 729. O tombamento ocorrerá na forma de processo administrativo disciplinado em legislação autônoma do ente federativo, devendo prever oportunidade de manifestação do proprietário do bem tombado, assim como recurso hierárquico.

§1º As formas ordinárias de armazenamento de processo administrativo e publicidade serão suficientes para a eficácia e validade do tombamento, podendo ser totalmente digital e sem a necessidade de existência de livros especiais.

§2º As obrigações conservatórias poderão ser atribuídas de forma cautelar.

§3º O tombamento pode ocorrer mesmo sem processo administrativo local, desde que seguidas as normas gerais de processo deste Código.

§4º A falta de segurança com relação à titularidade da propriedade não impedirá a instituição de tombamento, desde que o possuiro esteja com a posse consolidada.

Art. 730. O proprietário ou quem quer que esteja na posse do bem tombado será obrigado a:

I – não descaracterizar o bem móvel ou imóvel, inclusive em relação às suas características estéticas, como detalhes, cor e decoração;

II – realizar obras necessárias para manter tanto a integridade estrutural quanto as suas características estéticas e históricas;

III – não destruir o bem, seja móvel ou imóvel, no todo ou em parte;

IV – não entregar bem móvel para fora do país, salvo quando autorizado pelo órgão tombador, para fins de intercâmbio cultural;

V – para os imóveis vizinhos, não obstruir visão do bem tombado.

§1º O processo de tombamento contemplará ata com a descrição do bem, podendo conter imagens, assim como a relação de obrigações específicas a incidirem sobre o bem tombado.

§2º O possuidor, a qualquer título, estará obrigado solidariamente com o proprietário para com as obrigações decorrentes do tombamento.

Art. 731. Caso o proprietário não possua recursos para manter a coisa, mediante comprovação em processo administrativo, poderá requerer auxílio ao poder público, o qual pode se dar na forma de prestações diretas, isenções ou em espécie, e que poderá cobrir, no todo ou em parte, o custo da manutenção.

§1º Caso o poder público se recuse a ajudar no custo da manutenção, o proprietário poderá abandonar o bem ao poder público, que poderá, se for o caso, recusá-lo de forma fundamentada, mantendo-se o tombamento.

§2º Nesta última situação, a parte poderá acessar o juízo conciliatório ou judicial para fins de desconstituir o tombamento, caso não subsista razão de interesse público para mantê-lo.

Art. 732. Caso a Administração Pública entenda subsistirem razões para manter o tombamento, e o proprietário recusar-se a realizar a obra, poderá o poder público fazê-la no todo ou em parte, inclusive com contratação direta, sendo que os custos da obra constituirão título executivo extrajudicial, a serem recuperados do proprietário ou possuidor.

§1º A legislação autônoma estabelecerá o valor e a forma da sanção pecuniária a ser aplicada ao proprietário ou posseiro, ou a ambos conjuntamente, que descaracterizarem bem, não realizarem obra de manutenção ou entregarem o bem para fora do país.

§2º O bem tombado poderá ser isolado cautelarmente da posse do proprietário, para fins de realização das obras necessárias.

Art. 733. O direito à instituição do tombamento será considerado direito difuso.

Art. 734. O tombamento dá direito de preferência para a unidade federativa ou entidade federativa que tombou o bem móvel ou imóvel, tanto por tanto, podendo o ente ceder tal direito a outro ente, mediante ato específico.

§1º O proprietário deverá notificar o órgão tombador da venda, o qual terá trinta dias para decidir pela aquisição,

§2º Caso o proprietário não notifique a Administração Pública competente, a Administração obterá o bem, caso deposite o preço ao adquirente, no prazo de até dois anos da descoberta da venda irregular.

Art. 735. O tombamento atingirá imóveis vizinhos ao imóvel tombado, mas, para tanto, estes deverão ser notificados quando da instituição do tombamento, e tendo direito à manifestação no processo.

Art. 736. A critério da Administração do ente federativo, poderá ser estabelecido programa de fomento para estimular a conservação de bem tombado.

Art. 737. Os bens de propriedade de entidade religiosa, mas que sejam de interesse cultural, histórico, turístico ou artístico, poderão ser tombados.

Art. 738. Poderá existir tombamento coletivo de determinados bens, sempre com a notificação de todos os proprietários.

Art. 739. O tombamento perfectibilizar-se-á com a decisão final da Administração Pública, em regular processo administrativo, sendo, no caso de imóveis, enviado o processo para o respectivo registro, para fins de publicização do gravame, sendo a averbação gratuita para a Administração.

Art. 740. O tombamento de paisagem poderá ocorrer em situações de paisagens naturais ou históricas de interesse público e implicará que o proprietário notifique sua pretensão de modificar a paisagem ou construir ao poder público, pretensão esta que poderá ser negada ou adaptada, com a devida motivação.

Seção VI – Dos Bens de Utilidade Pública

Art. 741. Mediante lei disciplinadora ou autorizativa de legislação autônoma, a Administração da União, dos Estados-Membros, dos Municípios e do Distrito Federal poderá impor obrigações relacionadas à satisfação de interesse público sobre bens privados, devido à sua especial natureza e estando ou não estes bens vinculados a serviços de interesse geral.

Art. 742. Será considerado bem de utilidade pública, entre outros, o bem privado utilizado em serviços públicos delegados, assim como os cemitérios privados e o acervo de bens de museus privados.

Art. 743. O algoritmo de utilidade pública, entendido como importante à coordenação e cooperação sociais, cairá em domínio público 20 anos após o seu primeiro uso público.

Seção VII – Do Abandono

Art. 744. Os bens abandonados por particulares, nos termos da legislação civil, serão arrecadados pela União ou pelos Municípios, conforme o bem for rural ou urbano, respectivamente.

Art. 745. A União poderá entregar o direito de arrecadação a Estados e Municípios, na forma de convênio administrativo, para todos os imóveis ou algum específico.

Art. 746. Deverá ser dada ampla publicidade ao processo de arrecadação, inclusive para terceiros, sendo que o processo administrativo de arrecadação preverá, nos termos de legislação autônoma, direito de defesa e recurso, sendo o processo decidido pelo órgão gestor do patrimônio do ente público.

Parágrafo único. O não comparecimento do proprietário não impedirá a arrecadação do bem abandonado.

Art. 747. Caso não exista interesse público na construção de equipamentos públicos, os bens arrecadados serão utilizados primariamente para finalidades sociais.

Seção VIII – Da Requisição Administrativa

Art. 748. Tendo em vista questões de saúde ou salubridade públicas, econômicas ou emergenciais e de perigo coletivo, poderá a Administração Pública Direta e Indireta, através de agente público competente indicado em regulamento ou chefe de unidade ou equivalente, requisitar bens privados móveis ou imóveis, de forma individual ou coletiva, para fins de uso em prol do interesse público.

Art. 749. Em caso de bem consumível, dano ao bem, ou uso substancial ou prolongado, caberá indenização ao proprietário.

Art. 750. O proprietário prejudicado pela requisição demandará diretamente ao órgão ou entidade responsável pela obra ou perante a Advocacia Pública, para fins de encaminhamento às comissões de conciliação e pagamento de eventuais danos pela Administração Pública, sem prejuízo de eventual direito de ação, podendo a Advocacia Pública do ente decidir diretamente pela indenização, inclusive de ofício.

Seção IX – Da Ocupação Temporária

Art. 751. Considera-se ocupação temporária o uso de propriedade privada para fins de depósito de máquinas, equipamentos ou materiais necessários à obra ou ao serviço público.

§1º A ocupação temporária só gerará indenização em caso de dano à propriedade privada ou uso prolongado ou substancial do terreno.

§2º O proprietário prejudicado pela ocupação demandará diretamente ao órgão ou à entidade responsável pela obra ou perante a Advocacia Pública, para fins de encaminhamento às comissões de conciliação e pagamento de eventuais danos pela Administração Pública, sem prejuízo de eventual direito de ação, podendo a Advocacia Pública do ente decidir diretamente pela indenização, inclusive de ofício.

Capítulo X – Dos Bens Públicos

Seção I – Das Normas Gerais

Art. 752. São considerados como regidos pelas regras de Direito Público as seguintes espécies de bens móveis e imóveis de titularidade de pessoa jurídica de Direito Público Interno:

I – bens de uso comum, considerados como tais aqueles designados como realizadores de direitos fundamentais e destinados ao uso comum, geral ou restrito, remunerado ou gratuito, da população, como estradas, ruas e praças;

II – bens de uso especial, considerados como tais aqueles empregados para a viabilização e implementação das políticas públicas, possibilitando funcionamento e realização das atividades de órgão, unidade administrativa ou entidade pública;

III – bens públicos disponíveis, considerados como tais aqueles que não estão afetados por uma finalidade específica, formando o estoque patrimonial da Administração Pública.

Parágrafo único. Consideram-se afetados por uma finalidade de políticas públicas os bens de uso comum e de uso especial.

Art. 753. Salvo as terras indígenas, praias marítimas, fluviais e lacustres, assim como terrenos marginais, os bens listados neste artigo são absolutamente inalienáveis:

I – os rios, as nascentes, as correntes de água e os lagos superficiais ou subterrâneos, assim como os depósitos de água, de qualquer natureza;

II – os terrenos marginais de rios navegáveis ou lagoas formadas por rios navegáveis, em uma distância de 15 metros da linha média das enchentes ordinárias, ou os terrenos marginais dos rios que, embora não navegáveis, porém caudais e corredios, contribuam para tornar outros navegáveis, em uma distância de dois metros da linha média das enchentes ordinárias;

III – as praias marítimas, de rios e lagoas, em qualquer tamanho, entendidas como tal aquelas formadas por material detrítico até a linha de vegetação remota ou existente, incluindo dunas, mesmo que avancem para além do terreno público costeiro;

IV – os terrenos de restinga e banhados;

V – a totalidade da área das ilhas costeiras, oceânicas, fluviais e lacustres, salvo se contiverem sede de Município;

VI – o mar territorial e os recursos naturais da zona econômica exclusiva e da plataforma continental;

VII – os terrenos de marinha ou terrenos públicos costeiros, entendidos como tais aqueles até uma profundidade de trinta e três metros do preamar-médio de 1831, assim como os terrenos acrescidos;

VIII – os minerais de qualquer espécie, antes de sua extração regular, incluindo hidrocarbonetos de qualquer espécie;

IX – as cavidades subterrâneas;

X – os sítios arqueológicos e pré-históricos, assim como os achados móveis destes períodos;

XI – o espectro de radiofrequência para fins de transmissão de dados de qualquer espécie, incluída a radiofusão de sons e imagens;

XII – o acervo de museus e bibliotecas públicos;

XIII – as terras tradicionalmente ocupadas pelos povos indígenas ou aquelas terras públicas que sejam destinadas ao assentamento definitivo de povos indígenas, mesmo que não advenham de ocupação ancestral.

Parágrafo único. Salvo as terras indígenas, bens listados neste artigo poderão ser objeto de concessão ou permissão, desde que expressamente autorizados em lei específica e posterior processo administrativo competitivo do ente competente, e nunca por prazo indeterminado.

Art. 754. São considerados bens públicos disponíveis, entre outros, aqueles recebidos por dação em pagamento ou permuta e as terras devolutas que não contenham área de preservação de ecossistemas naturais.

Art. 755. Mediante ato administrativo individual ou coletivo, poderão ser desafetados de finalidade pública os bens de uso comum ou especiais previstos neste Código, salvo os absolutamente inalienáveis.

§1º O ato de desafetação consistirá em etapa de processo administrativo que conterá, também, parecer da Administração Pública acerca da adequação às finalidades de políticas da desafetação.

§2º Após a desafetação, o bem será considerado bem público disponível.

Art. 756. São considerados bens públicos imateriais:

I – as formas de expressão e os meios de fazer, criar e viver das diferentes culturas que compõem o Brasil, considerando-se administrador do bem aquele que realizar o inventário cultural;

II – a memória coletiva ou individual de personalidades cultural e historicamente relevantes, considerando-se administrador do bem aquele que realizar o inventário cultural, estando a União obrigada a realizar os respectivos inventários relacionados à história nacional e à formação geral das diferentes culturas brasileiras;

III – as criações científicas, artísticas e tecnológicas criadas dentro da Administração Pública ou financiada por esta, salvo disposição contratual em sentido diverso;

IV – os algoritmos criados pela Administração Pública ou caídos em domínio público;

V – os macrodados coletados no Brasil e suas aplicações, mesmo que advindos de dados privados, podendo existir autorização parcial de uso comum para privados, nos termos de lei ou regulamento.

Art. 757. Será considerado bem público material a via na qual veículos aéreos tripulados ou não tripulados trafegarem, seja em que altura for.

Art. 758. Os bens das entidades de titularidade pública a que a lei confere regime jurídico de Direito Privado serão considerados privados, estando sujeitos, contudo, às seguintes regras de Direito Público:

I – licitação para aquisição e alienação, na forma das regras próprias;

II – regras de impessoalidade, moralidade, igualdade e publicidade na gestão;

III – obrigatoriedade de motivação para seu uso, modificação e alienação, e sua respectiva publicização.

Art. 759. Os bens públicos são insuscetíveis de usucapião.

Art. 760. Os bens de pessoas jurídicas de Direito Privado de titularidade pública empregados em serviços públicos terão regime de Direito Público, sendo sua aquisição e alienação reguladas na Lei Geral de Licitações, para fundações e associações privadas, ou na Lei de Estatais, para as empresas respectivas.

Seção II – Da Aquisição de Bens Públicos

Art. 761. O poder público adquirirá bens mediante:

I – aquisição onerosa precedida ou não de licitação, nos termos da lei;

II – expropriação;

III – desapropriação;

IV – acessão, comistão, adjunção, confusão, aluvião, avulsão e assemelhados;

V – abandono;

VI – permuta por bem originalmente público ou privado;

VII – dação em pagamento;

VIII – transferência por obrigação legal, regulatória ou compensatória;

IX – doação;

X – declaração por inerência constitucional;

XI – criação intelectual ou industrial em contexto de órgãos, projetos públicos ou financiamento público;

XII – herança ou testamento;

XIII – apreensão definitiva em processo administrativo.

Art. 762. O processo de planejamento das políticas públicas abrangerá a aquisição dos bens necessários à plena implementação dos instrumentos de políticas públicas, assim como a sua utilização.

Art. 763. Serão classificados como bens de uso comum de especial relevância aqueles necessários à coordenação social ou que possuam alto impacto para o bem-estar dos cidadãos e do meio ambiente, devendo ser elaborado e publicizado plano de gestão, o qual será facultativo, caso tal conteúdo esteja em estudo de políticas públicas, e conterá, ainda, cartas de direitos dos cidadãos usuários do bem.

Parágrafo único. Consideram-se, no mínimo, como de especial relevância, as rodovias, hidrovias, portos, aeroportos e as áreas públicas de proteção ambiental, qualquer que seja a denominação utilizada.

Art. 764. Os órgãos e unidades de planejamento e execução encaminharão, preferencialmente, até o final do primeiro semestre, ao órgão de gestão orçamentária a lista de bens de capital para a composição dos bens de uso comum ou especial e insumos, visando à articulação entre o planejamento operacional e orçamentário das políticas públicas.

Art. 765. Até o final do terceiro trimestre do ano fiscal, cada Ministério, Secretaria, unidade ou entidade enviará ao órgão formulador e gestor do orçamento a estimativa dos bens de consumo que serão utilizados no exercício seguinte.

Art. 766. Cada Ministério, Secretaria ou entidade da Administração elaborará, até o final do primeiro mês do ano fiscal, cronograma das obras necessárias à implementação das políticas públicas previstas no orçamento, a qual será dada execução por decreto ou ato do Ministério, Secretaria, unidade administrativa ou entidade pública.

Art. 767. Cada Ministério, Secretaria, unidade ou entidade elaborará, até o final do décimo mês do ano fiscal, cronograma das compras de insumos para o funcionamento da Administração Pública para o ano seguinte e para a implementação das políticas públicas.

Art. 768. O poder público poderá alugar imóvel construído ou reformado para atender às necessidades específicas da Administração Pública, com cláusula de opção de compra ao final, não sendo exigida a licitação neste caso.

Art. 769. O poder público poderá receber em doação, herança ou testamento bens gravados com obrigações de manutenção ou utilização em atividade pública, estando a perfectibilização da doação ou herança condicionada à aceitação da autoridade competente pela Administração Pública, a qual, uma vez emitida, gerará a obrigação de satisfação das obrigações por prazo de pelo menos dez anos.

Seção III – Da Gestão de Bens Públicos

Art. 770. A titularidade do bem público confere ao ente público a atribuição de administração do bem em prol da implementação das políticas públicas e sua relação com particulares e outros bens, sem exclusão da competência constitucionalmente definida para os demais entes federativos.

Art. 771. A titularidade do bem gera para a Administração Pública o dever de conservar o bem sob os aspectos estruturais, funcionais e estéticos e a adaptar o bem para padrões aceitos de acessibilidade.

§1º A Administração Pública de um ente federativo poderá contratar outro ente federativo para realizar a manutenção e administração do bem público, sem a perda da titularidade e da capacidade regulatória.

§2º O direito fundamental à boa administração compreende a segurança, acessibilidade e qualidade dos bens públicos, e será considerado direito subjetivo individual e difuso.

Art. 772. Os bens de uso comum serão regulados pelos seguintes parâmetros:

I – o uso comum pode ser disciplinado mediante regras previstas em lei ou regulamento, inclusive com restrições de horários e formas de utilização, às quais se dará motivação e publicidade;

II – o uso comum será considerado legítimo quando em conformidade com a finalidade do bem e sua conexão com a implementação dos objetivos da política pública;

III – o uso do bem será regido pelas normas de Direito Público, notadamente a igualdade e impessoalidade;

IV – o uso do bem público pode ser gratuito ou remunerado mediante taxa ou tarifa, conforme estabelecido em lei ou legislação autônoma, podendo a Administração cobrar pelo uso de seu bem por parte de entidade de outro ente federativo, ou seu concessionário.

V – de forma fundamentada e impessoal, o uso de parte específica de bem público de uso comum pode ser restrito a determinada categoria ou grupo de pessoas.

Parágrafo único. A concessão, permissão ou autorização de bem de uso comum não desnatura a sua natureza.

Art. 773. Os bens de uso especial serão regulados pelos seguintes parâmetros:

I – a utilização do bem seguirá a finalidade do órgão que o ocupa ou usa;

II – o uso, a posse e a circulação no bem estão restritos aos agentes públicos lotados no órgão utente do bem, podendo, se for o caso, ser abertos a usuários de serviço público ou outro instrumento de políticas públicas e, ainda, possuir partes abertas à população em geral;

III – as regras de utilização poderão ser disciplinadas pelo órgão utente ou por órgão gestor de patrimônio e serão, de todo modo, publicizadas e fundamentadas;

IV – os bens de uso especial de um ente federativo poderão ser utilizados, total ou parcialmente, por outro ente federativo, com ou sem remuneração, nos termos de convênio;

V – em situações especiais, igualitárias, impessoais e fundamentadas, o uso e a posse de bem de uso especial poderão ser atribuídos de forma total ou parcialmente exclusiva a agente público.

Art. 774. A Administração Pública poderá tolerar a apropriação privada de bens públicos, como água, recursos minerais, vegetais e animais, das populações tradicionais, nos termos de seus usos e costumes, assim como a apropriação de baixíssimo impacto pela população em geral, conforme os costumes da localidade.

Parágrafo único. O disposto neste artigo não se aplica às terras indígenas de propriedade pública, cujo usufruto é exclusivo dos povos indígenas.

Art. 775. O agente público terá o direito de desforço imediato para a proteção de bem público de uso especial, inclusive perante outros entes federativos ou agentes públicos, mesmo que políticos.

Art. 766. As entidades da sociedade civil poderão apontar a necessidade de obras públicas de interesse público ou reparos emergenciais, devendo a Administração decidir, de forma fundamentada, acerca da conveniência ou não da respectiva obra.

Parágrafo único. Em caso de obras emergenciais, a Administração Pública deverá responder negativamente, especificando a desnecessidade, ou positivamente, estabelecendo plano de intervenção, sendo em todo caso o prazo de resposta de 15 dias.

Art. 777. Ficam permitidas obras emergenciais em vias e outros equipamentos e infraestruturas públicas mediante iniciativa e execução de organizações da sociedade civil, atendidas, concomitantemente, as seguintes condições:

I – decretação de estado de calamidade pública ou semelhante;

II – supervisão do poder público;

III – impossibilidade ou expectativa comprovada e razoável de demora na contratação de obra emergencial por parte do poder público;

IV – garantia prioritária de segurança da obra.

§1º A liderança das organizações da sociedade civil não prejudica a contribuição de organizações privadas com fins lucrativos na realização de obras emergenciais.

§2º A decretação de estado de calamidade pública pode ser dispensada mediante ato fundamentado da autoridade superior do órgão local responsável pela infraestrutura, em casos de comprovada urgência.

§3º A autorização do poder público prevenirá a responsabilidade civil da entidade privada participante.

Art. 778. O bem privado alugado ou cedido para fins de uso especial ou para uso comum será considerado público, exceto para fins de gravame ou alienação.

Art. 779. O bem público disponível pode ser gravado na forma do Direito Civil, conforme normatização prevista em legislação autônoma.

Art. 780. A Administração Pública dos entes federativos criará, preferencialmente, órgão específico para a gestão pública dos bens públicos, divulgando, em plataformas de governo digital, não só os processos administrativos que envolvam os bens públicos, mas também sua relação, localização e avaliação, mesmo dos bens públicos disponíveis.

Art. 781. Desde que documentado, publicizado, fundamentado, com observância da igualdade e da impessoalidade e no contexto de política pública, o poder público poderá autorizar particular a usar bem público de forma esporádica, com ou sem remuneração.

Art. 782. O poder público, no contexto de objetivos de política pública, desde que de forma documentada, publicizada e fundamentada, com observância da igualdade e da impessoalidade, poderá comprar bens e disponibilizá-los para uso esporádico particular, com ou sem remuneração.

Art. 783. Mediante documentação, publicização e assinatura de termo de responsabilidade, com observância da igualdade e da impessoalidade, agente público poderá usar de bem público fora da repartição pública para fins de auxílio ao trabalho, mantendo-se sempre a responsabilidade do agente pelo seu bom uso.

Seção IV – Da Delegação de Bens Públicos

Art. 784. O poder público poderá conceder, permitir ou autorizar o uso de bens públicos.

Art. 785. A concessão e a permissão de bens públicos demandarão lei específica ou lei geral, estabelecendo os princípios e objetivos de política pública, devendo, neste último caso, a legislação autônoma estabelecer os bens objeto de concessão ou permissão.

Art. 786. A concessão ou permissão de bens públicos exigirá plano de concessão, carta de direitos ao cidadão usuário e estudo de impacto, que poderá ser dispensado se inserido em plano de políticas públicas.

Art. 787. O estudo de políticas públicas verificará a conveniência da não gestão do bem por entidade da Administração Direta ou Indireta.

Art. 788. Tanto na concessão como na permissão, a titularidade do bem continua pública, salvo no caso dos bens acessórios, assumindo a concessionária os riscos da Administração do bem.

Art. 789. Não modifica a natureza de concessão de bens públicos a prestação de serviços inerentes ao uso do bem.

Art. 790. A concessão e a permissão de bem público necessariamente ocorrerão para a viabilização de prestações à comunidade.

Art. 791. A concessão e a permissão poderão se dar de forma não exclusiva.

Art. 792. A concessão e a permissão terão a forma de contrato administrativo e será exigido ou procedimento impessoal ou licitação, sendo que a concessão terá prazo contratual fixado de no máximo trinta anos, e a permissão não terá prazo, podendo ser desfeita a qualquer tempo.

Parágrafo único. Não caberá indenização por desfazimento da permissão, salvo na situação em que poder público exija investimentos e estes não estejam amortecidos à razão de vinte por cento.

Art. 793. Caberá permissão de uso de bem público para as seguintes situações:

I – teste de viabilização de uso para futura concessão, mediante prévia licitação;

II – uso de locais públicos para atividades empresariais de pequena repercussão, sem exclusividade, mediante licitação;

III – uso de locais adjacentes a atividades empresariais, sob determinadas condições arquitetônicas e de horário, mediante procedimento impessoal.

Art. 794. A Administração Pública, mediante ato administrativo, poderá autorizar usos transitórios de bens públicos, seja para a finalidade de atendimento a necessidades comunitárias, seja para uso particular, com ou sem remuneração.

Art. 795. Poderá existir autorização emergencial de uso de bem público, com ou sem cobrança de tarifa, para fazer frente a situações de colapso das concessões ordinárias ou por razões de emergência climática, social, econômica ou sanitária.

Art. 796. A relação entre poder concedente e concessionário é de Direito Público, assim como entre a concessionária, os usuários do bem e terceiros.

Art. 797. A concessionária de bem público não poderá opor-se ao uso legítimo do bem, incluindo obras de infraestrutura pública realizadas por terceiros, mas poderá cobrar tarifa nos termos do contrato ou mediante ajuste em comissão de conciliação.

Art. 798. A relação jurídica entre concessionária, fornecedores e empregados é de Direito Privado, devendo, contudo, tanto o poder concedente como o concessionário estabelecerem regras de conformidade para evitar conflitos de interesses.

Parágrafo único. Na eventualidade de conflito de interesses, qualquer órgão de controle ou entidade representativa da sociedade poderão impugnar a relação jurídica.

Art. 799. Verificada a conveniência da concessão de bem público, será elaborado edital, o qual vinculará o futuro contrato, prevendo o objeto da concessão, os prazos, os parâmetros de qualidade do serviço, as formas de fiscalização, os direitos e as obrigações do poder concedente e concessionário, a política tarifária e o estado final da entrega do bem.

Art. 800. Serão realizadas inspeções periódicas pelo gestor do contrato para a verificação do estado de conservação do bem público concedido.

Art. 801. A concessão de bem público dependerá de licitação na modalidade de concorrência ou diálogo competitivo, a qual se dará a partir dos seguintes critérios de julgamento:

I – menor valor da tarifa a ser paga pelo usuário do bem;

II – maior investimento em infraestrutura;

III – maior valor de outorga a ser pago para a Administração Pública;

IV – menor patrocínio, em caso de parceria público-privada na modalidade patrocinada;

V – melhor solução tecnológica ou técnica, que permita inclusive exploração do bem com gratuidade para os demais cidadãos destinatários das políticas públicas;

VI – qualquer combinação das opções anteriores, com pesos diferenciados, conforme o interesse público;

VII – maior valor de outorga após garantia de determinado padrão técnico definido em diálogo competitivo;

VIII – menor patrocínio após garantia de determinado padrão técnico definido em diálogo competitivo;

VIII – menor tarifa a ser paga pelo usuário, após garantia de determinado padrão técnico definido em diálogo competitivo;

IX – qualquer combinação das anteriores.

Art. 802. São fases da licitação da concessão:

I – preparação e divulgação do edital;

II – apresentação de propostas e lances;

III – julgamento ou fixação do padrão técnico mínimo, em caso de diálogo competitivo;

IV – habilitação jurídica, fiscal, social, técnica e financeira;

V – recursos;

VI – homologação.

Art. 803. A licitação de concessão de bem público pode ser realizada por escritório centralizado de outro ente federativo.

Art. 804. Firmado o contrato, as partes indicarão fiscal do contrato e representante da concessionária.

Art. 805. Será realizada ata pormenorizada, fixando o estado do bem, inclusive com imagens, assim como seus bens acessórios e naturais, e dando-se a tudo publicidade no portal nacional de contratações públicas.

Art. 806. O contrato discriminará os bens acessórios que poderão ser consumidos pela concessionária de bem público, mas que não poderão compreender bens de especial valor natural, cultural, turístico ou histórico.

Art. 807. Caso o bem principal e seus acessórios estejam em estado de conservação abaixo do fixado em contrato quando da devolução do bem, a Administração Pública formará título executivo e cobrará o valor diretamente, na forma judicial ou extrajudicial deste Código.

Art. 808. Mediante relicitação, uma concessão comum de bem público poderá se tornar uma concessão patrocinada, atendidos os demais requisitos.

Art. 809. No caso de alteração significativa da economia ou do estado de fato da região, ou da natureza do serviço, poderá ser realizada relicitação, mantendo-se os prazos máximos anteriormente fixados.

Art. 810. A concessão poderá ser renovada quantas vezes interessar ao poder concedente, desde que não ultrapasse o prazo máximo fixado neste Código.

Art. 811. Não só o contrato, mas todos eventos relevantes que ocorrerem na concessão serão registrados em processo administrativo e divulgados em tempo real.

Art. 812. A troca do controle acionário da concessionária não extinguirá a concessão, salvo no caso de conflito de interesses.

Art. 813. O usuário do bem público pode ser o particular, o poder público ou ambos.

Art. 814. Nenhuma concessão comum de bem público terá prazo maior que trinta anos.

Art. 815. O concessionário explorará o bem nos termos do contrato, cobrando tarifas, mas também obtendo outras formas de rendimento, inclusive com aluguel de espaços ou uso racional de recursos naturais.

Art. 816. A concessão na modalidade patrocinada poderá ter prazo máximo de trinta e cinco anos.

Art. 817. Poderá existir, em um mesmo objeto, concessão de serviço público e de bem público, sendo que, nesta situação, os regimes jurídicos combinar-se-ão.

Art. 818. No caso de concessão de bens de valor turístico, histórico ou paisagístico, deverá ser prevista tarifa social, permitindo a inclusão de populações vulneráveis, cuja redução será compensada via subsídio cruzado ou patrocínio público.

Art. 819. Em caso de violação do contrato por descontinuidade, inabitualidade dos serviços vinculados ao bem, ausência de segurança, falta de atualidade dos meios e insolvência da empresa e seu perigo ao poder concedente, na figura do Ministro ou Secretário, promover-se-á a intervenção na concessão, que terá diferentes níveis, podendo simplesmente consistir na obrigação de apresentação de relatórios, presença de servidor público e até mesmo a homologação e revisão das decisões da direção da empresa concessionária.

Art. 820. A violação das cláusulas contratuais e das obrigações regulatórias levará, nos termos de legislação autônoma, e mediante processo administrativo sancionatório, à imposição de advertência, multa, caducidade da concessão, diminuição do tempo de concessão, perda das garantias e declarações de impedimento de licitar e de inidoneidade, conforme normativa interna do órgão.

Art. 821. Em caso de violação substancial do contrato, operar-se-á a caducidade, que ocorrerá mediante iniciativa unilateral da Administração Pública, podendo, em sede de juízo conciliatório, a concessionária comprometer-se a ajustar sua conduta, mediante depósito de garantia e fixação de nova multa.

Art. 822. Mesmo após a assinatura do contrato, a Administração Pública poderá reduzir unilateralmente em vinte e cinco por cento o objeto da concessão, ou aumentá-la em cinquenta por cento, com os devidos ajustes no preço, que serão objeto de composição perante Câmara de Conciliação Pública.

Parágrafo único. A Administração poderá adaptar o projeto, por razões supervenientes, visando ao interesse público, com o ajuste subsequente no preço.

Art. 823. Em caso de violação à política tarifária, ou de obstáculo injustificado oposto pela Administração Pública ao andamento da concessão, o concessionário poderá rescindir a concessão perante o Poder Judiciário, mediante juízo arbitral ou, ainda, em câmara de conciliação, sendo devida indenização pela Administração Pública pela metade do tempo de concessão restante.

Parágrafo único. Os órgãos de resolução de controvérsia poderão, contudo, resumir-se a ajustar o valor da tarifa ou estender o tempo de concessão, nunca por mais de cinco anos.

Art. 824. As licitações para concessão poderão se valer do procedimento de pré-qualificação.

Art. 825. Os editais de concessão serão divulgados no Portal Nacional de Contratação Pública e preferencialmente serão por lá processados.

Art. 826. As empresas punidas com impedimento de licitar e declaradas inidôneas não poderão participar de licitações de concessão de serviço público.

Art. 827. É condição de eficácia do contrato de concessão e permissão a publicação no portal nacional de contratações públicas.

Art. 828. É garantido o equilíbrio econômico-financeiro do contrato de concessão de bem público.

Art. 829. O equilíbrio econômico-financeiro inicial do contrato será mantido mediante reajustes anuais ou mediante repactuação ou revisão, devendo ainda serem levados em conta:

I – o aumento de tributação, sob qualquer forma, inclusive base de cálculo, que não seja sobre a renda da empresa ou pessoa física;

II – o aumento dos riscos inerentes ao objeto da concessão;

III – o aumento dos insumos necessários ao funcionamento da concessão superiores a vinte por cento, ou, no caso de bens necessários à conservação específica, dez por cento;

IV – o aumento ou a diminuição do uso do bem público concedido superior a vinte por cento;

V – o caso fortuito ou a força maior;

VI – o fato do príncipe;

VII – a atualização monetária.

Parágrafo único. Os aumentos usuais de remuneração de empregados motivados pela lei, convenção ou acordo coletivo não serão levados em conta para efeito de reajuste de tarifa, assim como o aumento de custo decorrente de satisfação de obrigação de fiscalização para o ente concedente ou outro ente federativo.

Art. 830. Os reajustes, revisões e repactuações deste Código serão realizados diretamente entre a representação da empresa e o gestor da concessão, Advocacia Pública, câmara de conciliação ou levados à arbitragem.

Art. 831. Em caso de evento social, econômico ou climático grave e imprevisível, o tempo de concessão poderá ser estendido para além do previsto neste Código, visando a satisfazer as expectativas legítimas do concessionário, nunca por mais de cinco anos.

Art. 832. Até a homologação do certame será possível à Administração Pública revogar a licitação de concessão, sendo que, após a assinatura do contrato, a Administração deverá pagar pelo menos a mobilização para a realização do objeto e lucros cessantes no importe de um por cento do objeto total do contrato.

Art. 833. Em caso de anulação da licitação e da concessão sem responsabilidade de qualquer das partes, resolver-se-á a obrigação.

Art. 834. No caso de extinção do bem objeto da concessão, resolver-se-á a concessão sem necessidade de quaisquer indenizações, salvo se ainda existirem bens reversíveis, que serão incorporados ao poder público.

Art. 835. Mediante lei, é possível a encampação do bem público, com as devidas indenizações pelo valor investido, dos bens reversíveis adquiridos, pela mobilização do serviço e pelos lucros cessantes, que serão calculados pela metade do tempo restante para a concessão.

Art. 836. Faltando três anos para o fim da concessão, o poder concedente instalará comissão preparatória para os atos de extinção da concessão, com avaliação e recebimento do bem principal e dos bens reversíveis e solvência de obrigações recíprocas, devendo o processo de licitação para a nova concessão iniciar pelo menos dois anos antes do final da concessão.

Art. 837. Os órgãos de controle internos e externos, assim como as instituições representativas da comunidade velarão pela renovação da concessão.

Art. 838. Nos casos em que a permissão exige licitação, esta se dará na modalidade pregão.

Art. 839. Aplicam-se, quanto ao mais, as normas relativas à licitação para aquisição de bens e serviços.

Seção V – Do Desfazimento de Bens Públicos

Art. 840. Os bens públicos discriminados neste Código como indisponíveis não poderão ser alienados.

Art. 841. O poder público se desfará dos seus bens nas seguintes situações:

I – desgaste excessivo;
II – inutilidade para a Administração;
III – necessidade de padronização;
IV – obsolescência;

V – risco patrimonial;
VI – redução de estoque;
VII – inserção em programas de políticas públicas.

Art. 842. Parecer elaborado pela unidade gestora de patrimônio fundamentará a necessidade de alienação do bem, o seu estado e o seu valor venal, sendo tudo documentado em processo administrativo e divulgado em tempo real nos meios digitais.

Art. 843. Eventuais bens de valor histórico ou cultural, mesmo que por amostragem, serão separados e destinados a entidades culturais públicas ou privadas.

Art. 844. A alienação de bens imóveis dependerá de lei autorizativa específica ou lei autorizativa geral, a qual delegará a competência para a alienação à unidade gestora de patrimônio.

Art. 845. Caso a lei desafete bem de uso comum ou especial, exceto os indisponíveis, a mesma lei poderá conter autorização de alienação.

Art. 846. Não será necessária lei autorizativa para o desfazimento de bens imóveis que já foram adquiridos com a natureza de bens públicos disponíveis.

Art. 847. A modalidade de licitação para a venda de bens imóveis inservíveis é o leilão.

Art. 848. O leilão rege-se pela maior oferta em numerário, mas o edital poderá prever como critério de julgamento a maior oferta em títulos, outras propriedades ou combinação com numerário.

Art. 849. Os bens imóveis serão vendidos na moeda de atual curso forçado.

Parágrafo único. Não serão aceitas moedas virtuais em qualquer hipótese, podendo existir, contudo, oferta e conversão imediata no dia da aquisição.

Art. 850. O edital poderá prever parcelamento para a aquisição de bem imóvel inservível, sendo o parcelamento estipulado no máximo em dez prestações.

Art. 851. É desnecessário o leilão para o desfazimento dos bens imóveis a serem utilizados em dação em pagamento e a serem entregues para permuta com outras entidades da Administração.

Parágrafo único. O leilão também é desnecessário nas seguintes situações:

I – para a integralização de capital de empresa estatal;
II – para a constituição do patrimônio necessário ao funcionamento das entidades da Administração Indireta;
III – na formação de áreas indígenas ou quilombolas;

IV – na permuta com outros imóveis públicos ou privados, desde que a diferença de valor não seja superior a trinta por cento;

V – para áreas decorrentes de investidura ou obras abandonadas;

VI – para a construção e alienação, com ou sem condição, e aluguel, de imóveis de interesse social, sempre dentro do contexto dos objetivos de políticas públicas;

VII – para a instalação gratuita ou onerosa, em condições impessoais, de loteamentos e áreas rurais, cujo lote individual máximo será de até quinhentos metros quadrados;

VIII – para a legitimação e constituição de propriedade, com ou sem condição resolutiva, de área de interesse social pública, com justo título público, de áreas de até dois mil e quinhentos hectares;

IX – na constituição de propriedade privada de ocupantes de áreas públicas de até quinhentos metros quadrados que estivessem trabalhando em suas terras em 1988;

X – na constituição de propriedade privada, com ou sem condição resolutiva, e sua entrega a membros de movimentos de trabalhadores rurais voltados à produção de alimentos e à vida no campo, até o limite de mil hectares, que estivessem trabalhando com suas famílias em áreas públicas até a data da edição deste Código.

Parágrafo único. Em todo o caso, o procedimento será impessoal, motivado e publicizado e, se houver mais de uma oferta, o administrador decidirá pela divisão do lote ou entrega ao ofertante de maior valor.

Art. 852. Os bens públicos disponíveis poderão ser objeto de penhor, hipoteca ou alienação fiduciária, mediante justificativa presente em processo administrativo, e processo competitivo.

Art. 853. Os bens públicos móveis serão vendidos mediante leilão, sendo desnecessário procedimento competitivo nos casos de:

I – venda de ações ou títulos públicos;

II – venda de bens no exercício de atividade econômica;

III – venda de bens cujo alto nível de desgaste inviabilize o leilão;

IV – para fins de permuta com outros entes públicos ou privados de interesse público, com diferença de preço não superior a trinta por cento.

Art. 854. O poder público poderá simplesmente doar bens móveis de escritório e computadores para outros entes federativos ou entidades educacionais ou assistenciais, sempre mediante processo impessoal, público e disponibilizado em tempo real.

Art. 855. Em caso de bens com alto nível de desgaste, o bem poderá ser abandonado a agente público ou, ainda, entregue a depósitos de resíduos sólidos ou ferros-velhos, com ou sem pagamento, ou para outro ente público ou privado, com registro em processo administrativo.

Art. 856. Os entes federativos poderão doar ou permutar, uns aos outros, bens úteis à Administração Pública que tenham sido definitivamente apreendidos em regular processo administrativo.

Art. 857. Os leilões de bens apreendidos por qualquer causa serão amplamente divulgados nas plataformas de governo digital e nas redes sociais, preverão mecanismos simplificados para que qualquer do povo possa realizar a aquisição, inclusive com meios populares de pagamento amplamente utilizados, e contemplarão o pagamento em prestações.

Art. 858. Dentro do contexto de políticas públicas e mediante formulação de plano de industrialização e desenvolvimento de indústria e comércio, a Administração Pública poderá ceder o uso gratuito de bens públicos, subsidiar aluguéis de áreas públicas ou transferir a propriedade de bem público a particular, nos termos de autorização legislativa, que pode disciplinar o programa ou estabelecer autorização geral, caso em que a situação será disciplinada por legislação autônoma do ente público.

§1º Nos casos deste artigo, a concessão da benesse dependerá do preenchimento de condições impessoais e igualitárias, as quais poderão conter contrapartidas ambientais e sociais, inclusive com garantia de emprego, e que consistirão, obrigatoriamente, em condição resolutiva da propriedade, ou também processo competitivo de seleção de melhores propostas para a satisfação dos objetivos de políticas públicas.

§2º Caso não preenchida a condição, o valor da benesse será liquidado e necessariamente executado, inclusive a condição resolutiva, na forma judicial ou extrajudicial deste Código.

§3º O procedimento de seleção não será exclusivo, sendo selecionado mais de um beneficiário.

§4º O poder público poderá, também, condicionar a entrega de área pública à participação societária em empreendimento privado, podendo a participação corresponder ou não ao valor da área.

Art. 859. O poder público poderá realizar operações urbanas consorciadas ou assemelhadas para finalidades de política pública urbanística.

Art. 860. O disposto neste Código não exclui as normas específicas de alienação e desfazimento de bens em leis específicas.

LIVRO V – DOS AGENTES PÚBLICOS

Capítulo I – Das Normas Gerais

Art. 861. São considerados agentes públicos as pessoas físicas que, por vínculo político, administrativo, trabalhista ou civil, estejam engajados na realização dos objetivos das políticas públicas e sua formulação, implementação e controle.

Art. 862. Considera-se em serviço, e, portanto, sendo suas decisões válidas e consistindo em ato administrativo, o agente público regularmente investido que estiver conectado em sistema digital de processo administrativo, em horário de serviço, na ausência de licença e que estiver revestido das formalidades simbólicas do cargo, presumindo-se que a decisão do agente é a decisão oficial do órgão ou unidade, salvo prova diversa a ser constituída perante a Administração Pública ou ao Poder Judiciário.

§1º A reserva mental ou intenção do agente é irrelevante, bastando para gerar consequências jurídicas a mera externalidade da vontade.

§2º A reserva mental ou intenção do agente pode ser objeto de investigação, contudo, para fins de se examinar o alcance e a validade dos atos administrativos.

§3º Por força de contingência, o agente público poderá atuar fora das condições usuais de serviço, sendo seus atos válidos, conforme a boa-fé de terceiros.

Art. 863. Os cargos, empregos e funções públicas são acessíveis aos brasileiros, na forma da lei.

Parágrafo único. Lei geral estabelecerá as condições pelas quais estrangeiros poderão ocupar cargos, empregos e funções públicas, e que podem incluir cargos públicos efetivos.

Art. 864. A lei que criar o cargo, ou, eventualmente, o emprego público, estabelecerá os requisitos de ingresso, os quais poderão consistir em determinada qualificação acadêmica, mas que, salvo nos casos de professores e pesquisadores, não poderá ser superior à graduação.

§1º A lei poderá exigir, em cargos ou empregos que lidem com a saúde e segurança da população, exame psicotécnico.

§2º A lei poderá exigir, também, experiência prévia profissional, a qual nunca poderá ser maior do que três anos, e que será computada após a formatura e aferida na data da posse.

Art. 865. A substituição de agente público será realizada na forma de atos gerais ou mediante designação simples em processo administrativo, com indicação do agente substituto, que terá todas as atribuições legais e responsabilidades do substituído, desde que compatíveis o cargo, o emprego ou a função.

Art. 866. Todos os agentes previstos neste Código estarão submetidos às regras de ética pública, probidade, responsabilidade criminal e responsabilidade civil, entre outras de Direito Público aplicáveis à espécie.

Capítulo II – Dos Agentes Políticos

Art. 867. O regime jurídico dos agentes políticos decorre diretamente da Constituição Federal e de lei específica do ente federado, ou de leis complementares federais, no caso da Magistratura e do Ministério Público.

Parágrafo único. Aplicar-se-á aos agentes públicos subsidiariamente o que for estatuído para os servidores públicos efetivos.

Art. 868. Os agentes públicos podem ser indicados, eleitos ou concursados, nos termos da Constituição e de leis específicas.

Parágrafo único. Fica proibida a indicação de parente para cargos políticos, salvo formação acadêmica superior na área específica de indicação ou prévia experiência administrativa de no mínimo quatro anos na Administração Pública, em qualquer área, em cargo eletivo, em comissão ou efetivo, vedando-se a indicação que seja meramente motivada pelo familismo.

Art. 869. Os agentes políticos fruem dos direitos do art. 7º da Constituição Federal, no que for compatível, incluindo férias e licenças de paternidade e maternidade.

Capítulo III – Dos Servidores Efetivos e dos Ocupantes de Cargo em Comissão

Art. 870. Tanto os cargos públicos efetivos como os cargos em comissão são criados em quantitativo, competência e remuneração por lei do ente federativo, a ser proposto pelo órgão chefe do poder no qual o cargo será vinculado e exercido.

Art. 871. As funções de confiança poderão ser em número fixo, e serão distribuídas conforme critérios de confiança, podendo ser utilizados critérios objetivos e de mérito, aferidos mediante assistência a cursos de formação e critérios de produtividade extraíveis de sistema digital de processo administrativo.

Art. 872. Lei geral da União, dos Estados, dos Municípios e do Distrito Federal estabelecerá o regime jurídico específico dos servidores públicos efetivos, inclusive seu regime de trabalho, estabilidade, remoção, disciplina e aposentadoria.

Art. 873. A existência de lei geral da União e dos demais entes federativos não impedirá a fixação de peculiaridades para determinados cargos, sendo sempre aplicável subsidiariamente.

Art. 874. O servidor público efetivo, concursado, destina-se às atividades permanentes da Administração Pública, sejam finalísticas de execução, gestão, planejamento ou controle das atividades da Administração Pública.

Parágrafo único. Eventos esporádicos, mas previsíveis, como os decorrentes de calamidade natural, econômica, de saúde ou de segurança são considerados atividades permanentes e que serão objeto de cargo ocupado por servidor público efetivo.

Art. 875. O processo de planejamento das políticas públicas implicará sempre a avaliação do quantitativo de cargos necessários à implementação das políticas públicas, recomendando-se ou sua criação ou sua extinção, que, se estiver vago, poderá se dar por decreto.

Art. 876. O servidor está obrigado a realizar todas as atividades essenciais e conexas a seu cargo, bem como, excepcionalmente e em caso de urgência, a outras atribuições, para o bem da Administração.

Art. 877. O desvio de competência para função insalubre, perigosa ou mais complexa poderá gerar indenização, mas não se incorporará na remuneração ou subsídio em qualquer hipótese.

Art. 878. Um ente da federação poderá se valer da normatização de pessoal de outro ente, mediante remissão legal.

Art. 879. O ente da federação poderá, também, utilizar-se de sistema de gestão de pessoal de outro ente da federação, o qual pode abranger inclusive os comandos de pagamento, licenças e férias, na forma de convênio, com ou sem remuneração.

Art. 880. A associação pública de Direito Público poderá realizar a gestão de pessoal dos servidores públicos dos entes federativos participantes.

Art. 881. A lei estabelecerá a proporcionalidade entre servidores públicos efetivos e ocupantes de cargo em comissão, a qual não será maior do que quinze por cento para ocupantes de cargo em comissão já ocupantes de cargo efetivo de qualquer ente da federação, e dez por cento para agentes de quadros de fora da Administração Pública.

Art. 882. O ocupante de cargo em comissão terá os mesmos direitos do servidor efetivo, exceto no que toca à estabilidade e à progressão na carreira.

Art. 883. As funções e cargos de confiança só serão permitidas nas seguintes situações:

I – assessoramento, para a prestação de subsídios técnicos, jurídicos, políticos e auxílio imediato ao gestor;

II – chefia, destinado ao comando ordinário de órgão, departamento, setor, secretaria ou escritório;

III – direção, voltada à organização e realização estratégica de determinado projeto.

Art. 884. Legislação autônoma estabelecerá o percentual de reserva de cargos para mulheres, pretos, pardos, indígenas, de determinada orientação afetiva ou expressão de gênero, ou outras populações especialmente discriminadas, para a ocupação de cargo em comissão, em percentuais que podem se dar por órgão ou unidade administrativa, e cuja reserva nunca corresponderá a mais de oitenta por cento do quantitativo disponível por unidade administrativa, incluídas secretarias e departamentos, somadas as populações direcionadas.

Art. 885. Os servidores públicos efetivos poderão ou não ser organizados em carreira, sendo o tempo de serviço um dos critérios, mas não o único, de promoção, devendo o órgão gestor, via legislação autônoma, estabelecer metas de produtividade para fins de promoção, as quais serão aferidas em sistema digital de processo administrativo, mas que nunca poderão consistir em quantitativo de imposição de sanções.

Art. 886. A vida funcional do servidor público, do nível mais baixo até o mais alto, deverá passar por pelo menos cinco níveis de carreira, com crescentes responsabilidades e aumento de remuneração.

Art. 887. Não há vinculação entre promoção na carreira e fixação em determinado território.

Art. 888. Não poderá existir transposição de carreiras.

Art. 889. Os cargos e carreiras podem, por lei, mudar de nome e, parcialmente, de competência, desde que não caracterize transposição.

Art. 890. Os ocupantes de cargo em comissão poderão ser organizados também em carreira de três níveis, com único e exclusivo critério de promoção o tempo de serviço, e cujos valores não se incorporarão, de forma permanente, ao subsídio ou remuneração.

Capítulo IV – Dos Empregados Públicos

Art. 891. Os empregados públicos serão selecionados na forma da Constituição e serão regidos pela Constituição, pela legislação trabalhista ordinária, pela legislação autônoma dos entes públicos e por acordo coletivo.

Art. 892. Norma interna geral do ente federativo estabelecerá a proporção entre empregados públicos concursados e comissionados nas entidades públicas de Direito Privado.

Art. 893. A criação de empregos públicos, sua remuneração e competência dependerão de lei nas entidades da Administração Direta e Indireta, incluindo fundações públicas de Direito Privado, empresas estatais dependentes de orçamento público, empresas estatais cujo objeto seja o exercício do poder de polícia, e associações públicas de Direito Público e de Direito Privado.

Art. 894. Em empresas estatais que não dependam totalmente de orçamento público, o quantitativo de empregos públicos, assim como sua remuneração, será fixado por ato interno.

Art. 895. O acordo coletivo poderá estabelecer obrigações entre empresas estatais e poder público, sendo que, nas empresas dependentes de orçamento público, as cláusulas remuneratórias só poderão valer após os respectivos trâmites orçamentários e, no caso de empresas não dependentes de orçamento, na forma da lei trabalhista.

Art. 896. As cláusulas sociais, assistenciais, procedimentais e ordinatórias poderão valer imediatamente.

Art. 897. A despedida nos entes públicos de Direito Público seguirá o estabelecido na respectiva lei disciplinadora dos ocupantes de cargo efetivo, e será aplicada pela chefia do órgão.

Art. 898. O conflito acerca da legalidade do concurso público correrá perante a Justiça Comum, mas os demais conflitos, inclusive ordem de nomeação e greve, tramitarão perante a Justiça do Trabalho.

Art. 899. As associações públicas de Direito Privado poderão criar regras comuns para os seus empregados ou adotar regras trabalhistas de algum dos entes constituintes da associação.

Art. 900. A despedida nos entes públicos de Direito Privado será sempre motivada e mediante processo administrativo simplificado estabelecido na forma de ato normativo interno ou geral para todo o ente federativo, e será aplicada pela chefia imediata, nos seguintes casos:

I – falta disciplinar grave, entendida como tal aquela prevista em legislação trabalhista ou legislação autônoma do ente ou entidade;

II – reiteradas faltas disciplinares, entendidas como tais aquelas previstas em legislação trabalhista ou legislação autônoma do ente ou entidade;

III – avaliação insuficiente em processo objetivo de aferição de desempenho;

IV – motivos de ordem econômica, que só podem consistir em crise econômica que reflita produto interno bruto negativo por três anos seguidos, catástrofe climática, ambiental ou sanitária com reflexo econômico ou obsolescência do setor.

§1º A despedida por insuficiência de desempenho dar-se-á após três resultados negativos, e obedecerá a critérios objetivos e quantificáveis, não podendo, nos casos de empresas estatais sancionadoras, ser utilizado como critério de mau desempenho a quantidade de sanções aplicadas.

§2º A aprovação de colegas com igual desempenho vedará a aplicação da despedida por insuficiência de desempenho.

§3º A despedida por motivos de ordem econômica será motivada e aplicar-se-á a partir de critérios impessoais, não podendo ser utilizado critério etário, de gênero ou outro discriminatório, sendo, de todo modo, inviável a despedida por motivo econômico de empregado com idade superior a cinquenta e cinco anos de idade.

Art. 901. Causas que envolvam empregados públicos e entidades de Direito Público, associações públicas ou entidades públicas de Direito Privado que dependam de orçamento público resolver-se-ão na Justiça do Trabalho, inclusive a greve, sendo os eventuais créditos devidos na forma de requisitório, conforme estabelecido constitucionalmente.

Art. 902. Em hipótese alguma existirá sequestro de valores públicos orçamentários para o pagamento de empregados públicos na situação acima.

Art. 903. Não há relação de solidariedade ou subsidiariedade entre Administração Direta e Indireta para fins trabalhistas e previdenciários.

Art. 904. O mero desvio de função não gera direito à indenização, salvo comprovação de efetivo trabalho mais perigoso, insalubre ou complexo pelo prazo de pelo menos dois anos, o qual será indenizado, mas não incorporado para fins de remuneração.

Art. 905. As prerrogativas processuais descritas neste Código para a Administração Pública aplicam-se às demandas trabalhistas administrativas, mesmo que de Direito Privado.

Art. 906. Desconsidera-se o local do acidente de trabalho, caracterizando-se para a responsabilidade a natureza do serviço e o seu empregador.

Capítulo V – Dos Agentes Temporários

Art. 907. Os agentes temporários serão selecionados por processo impessoal, o qual poderá levar em conta experiência e currículo, para a realização de funções de interesse público.

Art. 908. O contrato entre o agente temporário e a Administração Pública será regido pelo Direito Público, sendo que a lei do ente federativo estabelecerá, além do valor da remuneração, os direitos a que os temporários terão prerrogativa.

Parágrafo único. Eventual greve resolver-se-á na Justiça Comum.

Art. 909. O orçamento disponibilizará quantitativo de recursos necessários para a contratação de temporários, entendendo-se catástrofe climática, social ou de saúde como autorizadora de abertura de crédito extraordinário.

Art. 910. Em caso de catástrofe climática, poderão ser contratados tanto agentes de defesa civil como da construção civil, abreviados, nestes casos, os processos de seleção e permitida a abertura de crédito extraordinário por medida provisória por parte da União ou por decreto em Estados e Municípios.

Art. 911. A contratação de agentes temporários será permitida nos termos de lei e regulamento do ente federativo, seguindo os parâmetros abaixo:

I – servirá para necessidades excepcionais, não atendidas pela rotina da Administração Pública, ou;

II – terá aplicação para a substituição de servidores em licença de saúde, maternidade, paternidade e qualificação ou formação.

Art. 912. A contratação de temporários para exercer função efetiva ensejará a nulidade do vínculo e a responsabilização do agente signatário do contrato, que responderá à ação regressiva pelo prejuízo causado.

Art. 913. No caso de serviços de educação, nenhuma outra causa senão licença saúde, paternidade, maternidade ou qualificação autorizará a contratação de agente temporário.

Art. 914. Em caso de planejamento de diminuição da necessidade de servidores por conta de aposentadorias e obsolescência do serviço, poderão ser contratados temporários para fazer frente às necessidades do serviço, até a sua extinção.

Art. 915. Poderão ser contratados guardas municipais para o apoio em realização de missão delicada, situações temporárias críticas ou de segurança em eventos, e nunca por mais de três meses.

Capítulo VI – Dos Estagiários

Art. 916. Os estagiários seguirão a legislação ordinária que estabelece suas obrigações acadêmicas e profissionais.

Art. 917. O vínculo com a Administração Pública é parcialmente de Direito Administrativo, podendo os estagiários, nos termos de legislação autônoma, acessarem sistemas de processos administrativos, informações de baixa relevância, prepararem atos administrativos e praticarem atos expressamente previstos em lei ou legislação autônoma do órgão ou unidade.

Art. 918. A lei não fixará o quantitativo de estagiários, cujo número dependerá da disponibilidade orçamentária do Poder, órgão ou unidade.

Parágrafo único. O processo de planejamento implicará que os estagiários possam pelo menos ficar um ano em suas funções de trabalho, até o eventual esgotamento do orçamento.

Art. 919. O estagiário estará sujeito ao regime da ética, da probidade e da disciplina administrativa, respondendo nos termos legais.

Capítulo VII – Dos Conselheiros

Art. 920. Os Conselheiros são agentes públicos remunerados ou não, eleitos ou não, com previsão em lei, regulamento ou legislação autônoma, e atuarão em conselhos de políticas públicas ou assemelhados.

Art. 921. Os conselhos, seja criados por lei, seja por legislação autônoma, deverão observar a proporcionalidade e representatividade de etnias, orientações afetivas, profissões, classes e outros segmentos sociais, de modo a manter a representatividade social.

Art. 922. Caso o conselheiro aufira alguma espécie de remuneração ou auxílio, esta será considerada verba de Direito Público e não será considerada permanente ou incorporada em espécie alguma.

Art. 923. Os conselheiros são considerados agentes públicos para todos os fins, inclusive aqueles relacionados à probidade administrativa.

Art. 924. Os agentes públicos conselheiros terão garantida sua autonomia técnica, não podendo ter sua voz e opinião obstadas de qualquer maneira.

Capítulo VIII – Dos Prestadores de Serviços

Art. 925. São considerados prestadores de serviços aqueles agentes que, contratados individualmente ou por empresa interposta, prestem serviços à Administração Pública.

Art. 926. Ao prestador de serviço são garantidas a urbanidade, o descanso, a fiscalização de seu contrato e a manutenção estrita das regras de segurança do trabalho, que o oficial da Administração Pública proverá.

Art. 927. O prestador de serviço está submetido às regras de ética pública e de probidade administrativa.

Capítulo IX – Dos Agentes Privados em Cooperação

Art. 928. Quem quer que coopere com a Administração Pública será tratado com respeito e terá tuteladas regras de segurança do trabalho.

Parágrafo único. Considera-se cooperação tanto a prestação voluntária, inclusive honorífica, como aquela consistente em deveres públicos perante a Administração Pública.

Art. 929. Poderão existir pagamentos de indenizações aos agentes privados em cooperação, na forma da legislação autônoma.

Art. 930. Incidirão normas de moralidade e probidade administrativa aos agentes privados em cooperação.

LIVRO VI – DA INTEGRIDADE E CONTROLE DA ADMINISTRAÇÃO PÚBLICA

Capítulo I – Da Moralidade e da Integridade Públicas

Art. 931. Considera-se moralidade e integridade pública o conjunto de regras voltadas à honestidade pública, entendida como tal a conduta pública do agente e da Administração Pública que repercutam a:

I – lealdade para com as instituições e população;

II – não utilização dos meios da Administração Pública para a obtenção de vantagens pessoais ou para sua família ou grupo de natureza patrimonial, política, moral ou de reputação;

III – busca da realização dos objetivos das políticas públicas e dos direitos fundamentais;

IV – obediência à legalidade em seu sentido amplo, à oficialidade das condutas, à não discriminação de qualquer conteúdo e por qualquer meio;

V – transparência, impessoalidade e igualdade na ação administrativa.

Art. 932. A formação das normas de integridade e sua aplicação devem refletir as maiores aspirações de elevação da vida e caráter humano e das pretensões de pensamento comunitário, cooperativo e universal, evitando os vícios da cobiça, corrupção, orgulho, inverdade, indiferença, deslealdade e crueldade.

Art. 933. A moralidade e a integridade pública são protegidas por meio das seguintes barreiras:

I – normativas;

II – procedimentais;
III – tecnológicas;
IV – culturais e educacionais;
V – participativas.

Art. 934. As barreiras normativas de proteção à moralidade pública e a integridade são compostas pelo planejamento, elaboração e aplicação de normas relativas a:
I – disciplina dos agentes públicos;
II – conflito de interesses;
III – boas práticas compulsórias e facultativas;
IV – códigos de ética e de conduta compulsórios ou facultativos;
V – repressão à corrupção de agentes públicos, privados e organizações privadas;
VI – improbidade administrativa;
VII – transparência, objetividade, impessoalidade, não discriminação e igualdade;
VII – legislação penal.

Parágrafo único. Os códigos de ética e de conduta, assim como os regimentos de conflito de interesses serão objeto de legislação autônoma da Administração Pública e poderão ser voltados a todos os agentes públicos, a certo segmento, órgão ou unidade administrativa, podendo ainda existir a aplicação cumulativa de diferentes códigos.

Art. 935. Poderão ser elaboradas normas facultativas voltadas à vida privada dos agentes públicos, desde que não sejam discriminatórias, nem ofendam a intimidade, sendo obrigatórias quando relacionadas a conflito de interesses, visando ao bom nome da Administração Pública.

Art. 936. As barreiras procedimentais implicam o desenho preventivo de eventuais violações à integridade nos procedimentos da Administração Pública, reconhecidos o risco e falha ocasional da honestidade social, mas ponderadas as necessidades de rapidez, eficiência e desburocratização.

Parágrafo único. O poder público fará contínuas avaliações acerca dos riscos dos procedimentos já existentes, incorporando eventuais sugestões dos órgãos de controle e estando aberto às sugestões da população.

Art. 937. As barreiras tecnológicas consistem na elaboração de sistemas de governo digital que dificultem ou eliminem os riscos à integridade administrativa.

Art. 938. As barreiras culturais e educacionais são promovidas através da criação de uma cultura de integridade, sendo algumas de suas ações:

I – frequência facultativa ou compulsória a cursos de formação, inclusive como forma de promoção;

II – facilitação da notícia de má-conduta ou ilícito através de plataformas de governo digital;

III – uso de comunicações internas, promovendo a honra e boas práticas dos agentes públicos;

IV – campanhas de esclarecimento voltadas tanto a agentes públicos como à população, tanto na mídia como nos meios digitais;

V – aclaramento da moralidade do dever de noticiar má conduta ou ilícito;

VI – atuações em programas educacionais nas instituições de ensino fundamental e médio.

Art. 939. A participação da população dar-se-á da forma mais ampla possível, por meio de parcerias com observatórios de integridade, auditorias populares, debates e consultas públicas ou promoção da transparência ativa.

Parágrafo único. O poder público fica obrigado a garantir a interoperabilidade com entidades representativas da sociedade para fins de controle da integridade.

Art. 940. A Administração Pública, por meio de seus órgãos centralizados de controle, elaborará Planos de Integridade, com o seguinte conteúdo:

I – relatório com riscos de violação à integridade;

II – sentidos específicos de integridade naquele setor específico;

III – formas de avaliação e auditorias, assim como seus respectivos protocolos;

IV – enumeração de atos a serem revisados, de forma pontual, por amostragem ou exaustiva.

Art. 941. A integridade da Administração Pública será protegida pelo estabelecimento de sete linhas de defesa, a saber:

I – o agente público responsável pela edição do ato;

II – a Assessoria Jurídica, mediante parecer prévio ou visto posterior;

III – o superior hierárquico homologador;

IV – as secretarias ou escritórios de controle interno vinculados à unidade administrativa ou órgão;

V – órgãos setoriais de controle, os quais unificam, seja pelo critério de especialidade de matéria, seja pela hierarquia, ou outro critério, o controle de órgãos e unidades;

VI – órgãos centralizados de controle, os quais realizam o controle de todos os órgãos, unidades e entidades de determinado poder, podendo, mediante termo de cooperação administrativo ou convênio, também realizar o controle de outros poderes ou, ainda, outras unidades federativas;

VII – Tribunais de Contas.

Art. 942. A Advocacia Pública, além da atuação pontual na edição do ato, atuará em todas as linhas de proteção, mediante requisição, e, ainda, mediante parecer e atuação unificada junto às unidades de controle interno e aos órgãos setoriais e centralizados de controle.

Capítulo II – Do Controle Interno da Administração Pública

Art. 943. O controle interno ficará a cargo de:

I – unidades administrativas internas dos órgãos, tais como setores, departamentos, secretarias ou escritórios, dentro da lógica do sistema de defesa da integridade;

II – órgãos setoriais de controle;

III – órgãos centralizados de controle.

Art. 944. As entidades da Administração Indireta terão seus próprios sistemas de controle ou, ainda, poderão se articular com elementos de controle da Administração Direta.

Art. 945. O controle interno terá as seguintes missões:

I – defender a moralidade administrativa e a integridade da Administração Pública, inclusive zelando pela aplicação do Plano de Integridade;

II – assegurar a legalidade em seu sentido amplo, abrangendo a conformação dos atos e acordos administrativos à constitucionalidade, legalidade e legislação autônoma da Administração Pública;

III – garantir a correta formulação e aplicação da lei orçamentária e das normas de preservação do equilíbrio orçamentário;

IV – asseverar a elaboração e cumprimento de programas de qualidade e eficiência dentro da Administração Pública;

V – examinar os procedimentos internos e resultados dos programas de fomento e parcerias;

VI – proteger o patrimônio público;

VII – zelar pelo cumprimento das obrigações decorrentes de processo licenciador e de concessões e permissões de serviço e bens públicos;

VIII – avaliar as condições de implementação das políticas públicas;

IX – avaliar os resultados dos programas e das políticas públicas;

X – uniformizar entendimentos e esclarecimento de dúvidas da Administração Pública, inclusive com possibilidade de elaboração de súmulas;

XI – fiscalizar e avaliar os repasses de recursos a outros entes federativos;

XII – acompanhar a execução orçamentária e respectivos empenhos e pagamentos, assim como as concessões de garantias e avais do poder público;

XIII – garantir que sejam resguardados os dados privados e públicos;

XIV – apoiar o controle externo.

Art. 946. Legislação autônoma da Administração Pública distribuirá as competências de controle legalmente atribuídas aos órgãos para as unidades de controle interno.

Art. 947. As competências poderão ser estabelecidas de forma cumulativa, subsidiária ou hierárquica entre os diferentes elementos de controle interno, e, ainda, mediante especialização por matérias ou atribuições.

Art. 948. As avaliações de políticas públicas poderão ficar a cargo, de forma simultânea ou apartada dos demais tipos de controle, dos seguintes elementos administrativos:

I – próprio órgão ou unidade executora do programa de política pública;

II – órgão ou unidade planejadora do programa;

III – conselhos de políticas públicas;

IV – unidades especializadas em avaliação de políticas públicas;

V – órgãos setoriais de controle;

VI – órgãos centralizados de controle;

VII – Tribunais de Contas.

Parágrafo único. As avaliações de políticas públicas e de seus programas serão realizadas em articulação com consultas e audiências, assíncronas ou síncronas, com a população e suas entidades representativas.

Art. 949. As associações públicas serão controladas simultaneamente por todos os entes federativos componentes ou por entidade federativa designada no ato constitutivo do consórcio ou, ainda, do ente líder do consórcio.

Art. 950. Poderá ser constituída associação pública de Direito Público com finalidade de realização de controle interno.

Parágrafo único. No caso deste artigo, as funções de julgamento de auditorias e de assessoria jurídica serão realizadas por servidores cedidos dos demais entes federados, podendo as demais funções serem realizadas por empregados públicos da própria associação.

Art. 951. Os órgãos setoriais e centralizados de controle terão competência normativa para a definição de critérios e processos de qualidade e integridade, o que será observado pelos demais órgãos e unidades da Administração Pública.

Parágrafo único. Ente federativo poderá, mediante lei, aderir à normatização autônoma de outro ente federativo.

Capítulo III – Do Controle Externo da Administração Pública

Art. 952. O controle externo abrangerá minimamente as seguintes dimensões:

I – legalidade no sentido mais amplo possível, abrangendo a constitucionalidade, a legalidade e a conformidade aos atos autônomos e acordos da Administração Pública;

II – legitimidade, economicidade, aplicação das subvenções e renúncia de receitas;

III – qualidade dos procedimentos e serviços públicos;

IV – análise das condições mínimas de implementação das políticas públicas;

V – resultados das políticas públicas;

VI – outras competências estabelecidas pela Constituição e demais leis.

Parágrafo único. Os Tribunais de Contas estão obrigados à observância da legislação autônoma da Administração Pública, salvo nos casos de inconstitucionalidade ou ilegalidade.

Art. 953. Os Tribunais de Contas possuem competência fixada na Constituição, em suas leis de regência e seus regimentos internos.

Art. 954. O Regimento Interno do Tribunal de Contas possui função regulamentar e de normatização autônoma para o próprio Tribunal e, dentro da sua competência uniformizadora e conformadora, para os outros órgãos da Administração Pública.

Art. 955. Mediante autorização genérica da lei instituidora ou Constituição do ente, poderá o regimento do Tribunal de Contas:

I – definir sanções e seus critérios de aplicabilidade;

II – normatizar diferentes tipos de processo de controle da Administração, inclusive atípicos;

III – especificar os poderes de investigação do Tribunal de Contas;

IV – detalhar as dimensões e profundidade a qual recairá a decisão controladora.

Art. 956. Os Tribunais de Contas, a partir de sua jurisprudência de julgamento de contas de gestão e de consulta, poderão criar súmulas, as quais obrigarão outros órgãos da Administração Pública.

Art. 957. Qualquer ente público, o Ministério Público de Contas ou partido político poderá iniciar processo de revisão de súmula perante os Tribunais de Contas.

Art. 958. Caso a súmula do Tribunal de Contas conflite com jurisprudência ou súmula de Tribunal Superior ou de Tribunal de Justiça, o Tribunal de Contas deverá revisar sua súmula, mediante sua supressão ou edição de peculiaridades ou circunstâncias, ou simplesmente mantê-la.

Art. 959. Poderá o Tribunal de Contas reconhecer a relevância jurídica de questão, nas situações em que, cumulativamente, existir:

I – multiplicidade de processos envolvendo a questão;

II – atualidade e relevância da questão;

III – insegurança jurídica.

Art. 960. O órgão fracionário do Tribunal de Contas identificará a questão, levando-a ao plenário.

Art. 961. O plenário poderá suspender processos, ou, pelo menos, o capítulo específico em que exista relevância jurídica e, após, fixará tese, a qual poderá ou não constituir súmula de Tribunal de Contas.

Art. 962. As sanções de ressarcimento ao erário aplicadas pelos Tribunais de Contas constituem crédito do ente federativo que sofreu o prejuízo, podendo a Administração Pública do ente estabelecer convênios para que a execução do ressarcimento seja levada a efeito por outro ente da Federação, inclusive acerca da decisão de iniciar a execução.

Art. 963. As sanções de multa pecuniária aos administradores públicos constituem crédito do ente de cuja estrutura o Tribunal de Contas faz parte.

Art. 964. Para a análise das premissas e resultados das políticas públicas, além do corpo técnico próprio, poderão ser estabelecidos acordos de cooperação técnica com universidades e institutos de pesquisa para o exame da política pública específica.

Capítulo IV – Do Processo Controlador e da Decisão Controladora

Art. 965. Compreende-se como decisão controladora aquela que tem por função principal elaborar pareceres, inspecionar e revisar atos, processos ou acordos da Administração Pública, podendo apontar erros e anulá-los, aplicar sanções, recomendações, avaliar políticas públicas e seus programas e tendo como funções acessórias a formação de repositórios de experiências e a formação de precedentes e padrões decisórios.

Art. 966. A decisão controladora comporta diferentes distâncias para com o ente, órgão ou unidade controlada e graus de profundidade, e terá, ainda, como parâmetros:

I – deferência às escolhas políticas e administrativas do administrador;

II – consideração sobre as dificuldades orçamentárias e administrativas, principalmente em situações de crise social ou ambiental;

III – julgamento dos atos conforme o seu alinhamento e produção de resultados tendo em vista os objetivos das políticas públicas.

Art. 967. O processo controlador compreende minimamente os processos:

I – consultivos;

III – de auditoria;

IV – de julgamento de contas de gestão, governo e especial.

Art. 968. As auditorias podem ser:

I – de conformidade com a legalidade;

II – correicionais;

III – financeiras;

IV – de qualidade da gestão pública;

V – de monitoramento das políticas públicas;

VI – de avaliação das políticas públicas.

Art. 969. As auditorias de conformidade com a legalidade visam à conformidade da atuação da Administração Pública com as normas materiais, processuais e de integridade em seu sentido mais amplo, abrangendo a constitucionalidade, a legalidade ordinária e atuação conforme a legislação autônoma por parte da Administração Pública e seus agentes.

Art. 970. As auditorias de correição visam à conformidade aos procedimentos e qualidade ordinários dos serviços prestados pelos órgãos públicos.

Art. 971. As auditorias de qualidade visam ao estabelecimento de padrões elevados de qualidade, conforme definidos em processos de certificação internacional ou norma interna da Administração.

Art. 972. As auditorias financeiras visam ao exame de conformidade das operações financeiras da Administração Pública, incluindo aspectos de planejamento e execução orçamentárias, gasto público e gestão dos bens públicos.

Art. 973. Auditorias de monitoramento das políticas públicas visam à avaliação pontual do funcionamento das políticas públicas.

Art. 974. As auditorias de avaliação das políticas públicas visam à avaliação das condições de implementação e do alcance dos objetivos e metas das políticas públicas e seus programas, em episódios estendidos de tempo.

Art. 975. Um mesmo processo de auditoria poderá comportar mais de um tipo de avaliação.

Art. 976. As auditorias seguirão os passos de definição do objeto, planejamento dos trabalhos, coleta de informações, relato dos achados e avaliação, viabilização de manifestação do órgão, unidade ou agente controlado, produção de relatório, com ou sem recomendações de ajuste ou punição, e sua divulgação perante o órgão ou unidade controlado e em repositório público, assim como o encaminhamento para a formação de precedentes e padrões decisórios.

Art. 977. Da auditoria poderá resultar revisão do ato ou acordo, se o órgão controlador possuir tal competência, ou encaminhamento para órgão, unidade ou agente superior de revisão dos atos e acordos.

Art. 978. Os controles interno e externo poderão invalidar atos da Administração Pública, seguindo os mesmos parâmetros estabelecidos para os praticantes do ato administrativo, podendo adotar as seguintes soluções:

I – encaminhamento para convalidação, nas situações de erro de forma, ou, no caso de atos ordinatórios, nas hipóteses de incompetência;

II – nulidade de toda a cadeia de atos administrativos, com efeitos *ex tunc, ex nunc* ou *pro futuro*;

III – nulidade de ato administrativo um ou mais atos administrativos isolados, com efeitos *ex tunc, ex nunc* ou *pro futuro*;

IV – nulidade de efeito ou parte de ato administrativo, com efeitos *ex tunc, ex nunc* ou *pro futuro*.

Parágrafo único. A nulidade com efeitos *ex tunc* constitui regra, devendo a atribuição de outros efeitos ser devidamente fundamentada e utilizada em casos especiais.

Art. 979. Caso seja declarado nulo o ato administrativo, a decisão controladora de nulidade será fundamentada e determinará expressamente o alcance espacial, conteudístico, pessoal e temporal das nulidades, com decisão conclusiva sobre a retroação da cadeia de atos administrativos invalidados, e eventual estabelecimento de regime de transição.

Art. 980. Os controles interno e externo poderão invalidar acordos da Administração Pública, seguindo os mesmos parâmetros estabelecidos para os gestores dos acordos públicos, podendo adotar como solução:

I – encaminhamento à convalidação do acordo, ou repetição da etapa procedimental de procedimento prévio ao acordo ou do próprio acordo;

II – recomendação pela celebração de novo acordo, sem a nulidade apontada;

III – nulidade de um ou mais atos do procedimento administrativo, sem repercussão no acordo;

IV – nulidade de um ou mais atos do procedimento administrativo, com repercussão parcial no acordo;

V – nulidade de uma ou mais cláusulas de acordo administrativo, com efeitos *ex tunc, ex nunc* ou *pro futuro*;

VI – nulidade de todo o acordo administrativo, com efeitos *ex tunc, ex nunc* ou *pro futuro*.

Parágrafo único. A nulidade com efeitos *ex tunc* constitui regra, devendo a atribuição de outros efeitos ser devidamente fundamentada e utilizada em casos especiais.

Art. 981. Caso seja declarado nulo o acordo administrativo, a decisão administrativa de nulidade será fundamentada e determinará expressamente o alcance espacial, conteudístico, pessoal e temporal das nulidades, com decisão conclusiva sobre a retroação da cadeia de atos administrativos invalidados e com disciplina de regime de transição.

LIVRO VII – DA TUTELA DOS DIREITOS DA ADMINISTRAÇÃO PÚBLICA

Capítulo I – Das Prerrogativas da Administração Pública

Art. 982. A Administração Pública de Direito Público e de Direito Privado sancionadora possui os poderes autoexecutórios necessários à realização de sua competência, tais como a apreensão de bens, a demolição e destruição de bens móveis e acessões, a suspensão temporária ou definitiva de atividade licenciada ou não, a imposição de contrapartidas e o embargo de obra ou prédio, a cassação de licença, a intervenção total ou parcial em empresa, perda de incentivo fiscal, a determinação de reparação de dano e a constituição de crédito sancionatório ou indenizatório, sem prejuízo de medida específica neste Código ou em legislação especial.

Parágrafo único. As medidas especificadas acima podem ser tomadas, a depender do interesse público envolvido, de forma cautelar, sem contraditório, sendo que, em caso de reversão após regular processo contraditório, garantir-se-á a devolução do bem, a devolução do bem cumulada com indenização ou indenização, a ser liquidada em conciliação administrativa em numerário ou processo judicial.

Art. 983. A Administração Pública constituirá, mediante contraditório prévio ou diferido, título executivo administrativo, o qual constituirá direito apto à execução administrativa ou judicial.

Parágrafo único. As prerrogativas relacionadas à constituição de título executivo administrativo, assim como as prerrogativas de execução judicial serão estendidas às pessoas jurídicas de Direito Privado sancionadoras.

Art. 984. São situações jurídicas aptas a gerar título executivo administrativo, entre outras:

I – imposição de sanção pecuniária, a título principal ou como decorrência do não cumprimento de outras sanções;

II – ressarcimento decorrente de erro administrativo ou judicial, ou de obrigação assumida e solvida injustamente pela Administração Pública de qualquer espécie;

III – fixação do montante de indenização a ser paga à Administração Pública, em caso de provocação de danos de qualquer natureza por empresas de qualquer modo vinculadas à Administração Pública, ou inexecução contratual;

IV – definição de valor decorrente de qualquer forma de resolução consensual de conflito, seja ele contratual ou sancionador em geral;

V – constituição de crédito tributário, na forma da lei especial.

Parágrafo único. O título executivo administrativo será materializado em ato certificador a ser realizado por servidor ou empregado público efetivo, definido em regulamento, e pela Advocacia Pública do respectivo ente, sendo a emissão de título administrativo decorrente de sanção de polícia ou tributário privativo da Advocacia Pública.

Art. 985. A Administração Pública terá direito de resposta diante de reportagem ou postagem em rede social, mesmo de responsabilidade de terceiro, a qual não tenha sido apresentada sua versão ou a tenha em menor extensão, sendo gratuito e proporcional ao agravo, e será regido pelas seguintes disposições:

I – decai em sessenta dias da divulgação da notícia;

II – em caso de matéria ou postagem que contenha informação que leve a perigo público, o prazo de decadência será de cento e vinte dias.

III – será realizado o pedido de retificação ou complementação, sendo que as mídias tradicionais terão o prazo de três dias para responder, publicando, no mesmo espaço e destaque a resposta, ou negando, sendo que o juiz terá cinco dias para decidir, devendo o contraditório iniciar a partir de então, não podendo o processo demorar mais de trinta dias.

IV – em caso de mídia virtual ou rede social, o pedido de retificação deve ser respondido em seis horas, devendo o juiz decidir, de forma definitiva em dois dias, iniciando o contraditório a partir de então e não podendo o processo demorar mais que vinte dias.

V – o ente ofendido poderá enviar texto ou vídeo para a mídia virtual, satisfazendo, com a publicação, o direito de resposta.

VI – aplicam-se, quanto aos demais, as leis específicas e processuais.

Capítulo II – Da Administração Pública em Juízo

Art. 986. A Administração Pública de Direito Público possui as seguintes prerrogativas, em processo judicial:

I – prazo em dobro, salvo prazo específico previsto em lei especial;

II – citação, intimação e notificação pessoal, ou, em caso de existência de processo digital, exclusivamente pela forma padrão do procedimento;

III – prazos dilatados de devolução, em caso de cargas coletivas, cujos prazos sejam meramente ordinatórios;

IV – pagamento das despesas ao final do processo, pelo vencido, podendo as despesas com perícia serem adiantadas, de forma específica ou geral, mediante termo de cooperação administrativo entre Poder Executivo e Judiciário, inclusive de unidades diferentes da federação;

V – despacho com autoridade judiciária competente para o julgamento de caso de interesse da Administração Pública, mediante reunião agendada, que pode ser física ou virtual;

VI – interoperabilidade entre os sistemas da Administração Pública e os do Poder Judiciário;

VII – duplo grau de jurisdição, nos termos da Lei Processual Civil;

VIII – não incidência dos efeitos da revelia nos processos sobre direitos indisponíveis, entendidos como tais aqueles que demandam processo administrativo para a sua aferição, os relacionados ao poder de polícia e os que questionem a validade de ato normativo ou sua aplicação.

§1º O prazo em dobro aplica-se a processos de quaisquer naturezas, incluindo processos penais em que eventualmente a Administração Pública tiver de se manifestar.

§2º As perícias e os demais atos processuais que exijam especialidade ou conhecimento técnico poderão ser realizados por entidade pública, inclusive entre unidades diferentes da federação ou justiças de diferentes especialidades.

Art. 987. Não são devidos honorários pela Administração Pública Direta e Indireta, de Direito Privado ou Público, que promover execução invertida ou não impugnar execução que redunde em requisição de pequeno valor ou precatório, assim como requisitórios complementares.

Parágrafo único. Não cabe honorários da execução de honorários.

Art. 988. Em casos tais em que a legislação disponha que autoridade e entidade pública deverão se manifestar, a atuação processual da Administração Pública pode se resumir a uma só peça.

Art. 989. Em caso de Advocacia Pública exercida por diferentes órgãos ou unidades internas, a eventual incompetência poderá ser convalidada sem necessidade de manifestação específica do juízo, caso o ato processual cumpra a finalidade de defesa dos interesses da entidade pública.

Art. 990. Possuem personalidade judiciária, para a defesa de sua autonomia administrativa e orçamentária, os seguintes órgãos:

I – legislativos, representados por suas mesas;

II – tribunais, representados por suas presidências;

III – Tribunais de Contas, representados por suas presidências;

III – Ministério Público e Defensoria Pública;

IV – Conselho Tutelar.

§1º Os órgãos de Advocacia Pública não poderão recusar o assessoramento jurídico judicial e extrajudicial para os órgãos indicados neste artigo, devendo ser destacado advogado público para atuação no caso.

§2º A requisição de acompanhamento de advogado dar-se-á perante advogado regularmente constituído para assessoramento ao órgão ou mediante comunicação formal ao dirigente nacional ou regional da Advocacia Pública, ou outro canal estabelecido por ato conjunto.

Art. 991. A Administração Pública pode ser vítima de advocacia predatória e de assédio judicial.

Art. 992. As dívidas judiciais da Administração Pública de Direito Público serão pagas na forma de requisitórios, nos termos da Constituição e de legislação autônoma do Poder Judiciário.

Parágrafo único. O pagamento das dívidas judiciais da Administração Pública de Direito Privado que dependerem de destinação orçamentária para funcionarem também ocorrerá na forma de requisitório.

Capítulo III – Da Prescrição e Decadência Administrativa

Art. 993. As pretensões relacionadas a quaisquer créditos e direitos que a Administração possua contra outros entes administrativos e particulares prescrevem no prazo de cinco anos.

§1º O prazo será interrompido nas seguintes situações:

I – pela decisão final de processo administrativo;

II – pelo envio de regular notificação ao destinatário de início de processo administrativo, instalação de juízo conciliatório ou da execução de título administrativo na forma administrativa ou judicial, inclusive mediante plataforma de governo digital, desde que garantido recebimento em elemento local de governo digital, mesmo que não visualizado;

III – pelo ajuizamento de ação judicial, visando à constituição do crédito ou sua execução, sob qualquer forma;

IV – por requerimento da Administração Pública, durante a fase executória, que indicar de forma precisa bens ou indicativo de renda da parte executada.

§2º O prazo não corre durante o processo judicial de conhecimento, podendo existir prescrição intercorrente no prazo de dois anos, caso não seja iniciada a fase executiva de forma administrativa ou judicial, ou instalado o juízo conciliatório.

§3º Não prescreve o direito a aplicar medidas autoexecutórias e cautelares de qualquer natureza, o direito ao ressarcimento por improbidade administrativa e por dano ambiental, assim como a exigibilidade de prestações relacionadas a medidas compensatórias e compensações de caráter ambiental, urbanístico ou sociais.

§4º O disposto neste artigo não se aplica aos prazos de responsabilidade civil de que a Administração Pública seja credora.

Art. 994. Caso não sejam encontrados bens na fase de execução, o prazo de prescrição intercorrente será de cinco anos, contados da certificação de insucesso da primeira tentativa de execução, o qual poderá ser interrompido na forma do artigo anterior.

Art. 995. Não correrá prescrição durante a execução de qualquer forma de resolução autocompositiva, sob qualquer matéria ou forma.

Art. 996. O prazo prescricional para a aplicação de sanções administrativas corre a partir da data da prática do ato ou da sua cessação, quando se tratar de infração permanente ou continuada.

Art. 997. Caso a conduta também seja crime, a prescrição administrativa seguirá as regras da legislação penal somente no que toca ao tamanho dos prazos, e que não será menor que cinco anos.

Art. 998. A prescrição de quaisquer direitos de particulares ou agentes públicos perante a Administração Pública será de cinco anos.

Parágrafo único. O prazo deste artigo não se aplica às pretensões relacionadas à responsabilidade civil e às pretensões relacionadas a obrigações regidas pelo Direito Privado, as quais continuam sob a regência da legislação civil.

Art. 999. Nas relações jurídicas de trato sucessivo decorrentes diretamente da lei previdenciária ou assistencial, ou que sejam relacionadas a vencimento ou subsídio, a prescrição atinge apenas as prestações vencidas antes do quinquênio anterior à propositura da ação.

Art. 1000. Passados os cinco anos, existirá prescrição do fundo de direito relacionado a direito de agente público quando a Administração expressamente ou tacitamente negar direito seja de que natureza for, especialmente os relacionados a avanços, parcelas remuneratórias ou indenizatórias de qualquer tipo e gratificações, mesmo que do reconhecimento deste direito possa ser reconhecida futura prestação de trato sucessivo.

Art. 1001. O fundo de direito restará prescrito também nas situações que envolverem prestação a ser paga de maneira uniforme ou única, mesmo que seja possível o parcelamento, ou que envolverem a entrega de bem ou serviço pela Administração Pública.

Art. 1002. Não prescreve a pretensão a obter prestações de serviços públicos ou de outros instrumentos de políticas públicas.

Art. 1003. Não decairá, em hipótese alguma:

I – o direito e o dever da Administração Pública em revogar ou anular atos normativos;

II – o direito da Administração em revogar atos individuais;

III – o direito e o dever de anular atos administrativos ordinatórios, organizacionais, sancionatórios e relacionados a atividade licenciadora;

IV – o direito da Administração Pública de exercer sua competência.

Art. 1004. A Administração Pública poderá anular os atos administrativos de que decorram efeitos favoráveis para o cidadão destinatário da Administração no prazo de cinco anos, contados da data em que foram praticados.

Parágrafo único. Após o prazo de cinco anos, o direito fica consolidado no patrimônio do particular, mas não lhe confere direito a regime jurídico.

Art. 1005. Em caso de erro de procedimento da Administração Pública que favoreça o cidadão, com repercussões pecuniárias, poderá a Administração recuperar o crédito, desde que o faça no prazo de cinco anos.

Art. 1006. Em casos que envolvam má-fé do particular, o direito da Administração em anular o ato não decai.

Parágrafo único. Considera-se má-fé do particular:

I – prática de ato de improbidade ou corrupção;

II – omissão de entrega de documento ou providência prevista expressamente em norma;

III – dolo, simulação, fraude ou lesão à Administração Pública;

IV – evidente desproporcionalidade no recebimento de prestação pecuniária, considerada como tal aquela superior a vinte por cento, salvo condição pessoal especial.

Capítulo IV – Da Advocacia Pública

Art. 1007. A Advocacia Pública é responsável pela viabilização das políticas públicas por meio do assessoramento e consultorias jurídicas e contencioso judicial e extrajudicial da Administração Pública.

Parágrafo único. Compete também à Advocacia Pública o assessoramento para exame e construção jurídica dos desenhos dos planos, programas e instrumentos das políticas públicas.

Art. 1008. Fica vedado o uso do contrato de fornecimento de pessoal para a contratação de serviços de Advocacia Pública.

Parágrafo único. É permitida a contratação pontual de serviços de advocacia de caráter especializado e extraordinário, nos termos da legislação sobre licitação.

Art. 1009. A Advocacia Pública pode se concentrar em um órgão do Poder Executivo, estando obrigada a servir os demais poderes, o qual poderá ou não advogar para a Administração Indireta, ou desdobrar-se em assessorias e consultorias para os demais poderes, assim como, finalmente, podem existir órgãos de Advocacia Pública em cada um dos poderes e entes da Administração Indireta, salvo disposição constitucional ou legal diversa.

Art. 1010. É permitida a utilização de associações públicas de Direito Público para a prestação de serviços de Advocacia Pública a Municípios, atendido o critério de concurso para o advogado contratado pela associação.

Art. 1011. Os advogados públicos poderão atuar de forma desterritorializada e em equipes.

Art. 1012. É desnecessária a apresentação de procuração por advogado efetivo da Administração Pública Direta e Indireta de Direito Público ou Privado, os quais poderão atuar em qualquer processo de qualquer ramo da Justiça e em qualquer unidade da federação.

Art. 1013. A Advocacia Pública é regida pelo princípio da unidade, de modo que as manifestações dos diferentes advogados serão regidas pela solução de continuidade e impessoalidade.

Art. 1014. São privativas dos advogados públicos as seguintes atividades:

I – redigir e peticionar documentos jurídicos em processos judiciais e extrajudiciais;

II – elaborar pareceres, notas, informações, cotas e despachos em processos judiciais e extrajudiciais;

III – interpretar decisões judiciais e elaborar pareceres, pareceres vinculantes, de força executória para a implementação da decisão e de cálculo para os serviços de apoio;

IV – despachar com autoridades, participar de audiências judiciais e extrajudiciais e realizar sustentações orais;

V – assessorar a realização dos acordos de conformidade previstos neste Código;

VI – atender a pedidos de interpretação e aconselhamento jurídicos e relacionados a políticas públicas por autoridades políticas e administrativas;

VII – constituir e executar créditos ou conferir parcelamentos de créditos;

VIII – participar de mediações, arbitragens e celebrar conciliações;

IX – elaborar minutas de atos normativos ou individuais, bem como manifestar-se sobre legalidade e constitucionalidade;

X – legitimar requisitórios judiciais;

XI – receber cidadãos e advogados para tratar processos de seu interesse, sob hora marcada e atendimento físico ou remoto, conforme a conveniência do serviço e as condições especiais do cidadão destinatário;

XII – atuar na defesa de agentes públicos, inclusive que estejam afastados da Administração Pública sob qualquer forma, desde que tenham atuado em função pública, ou cidadãos ou grupos de cidadãos, que estejam sob especial proteção do poder público, dada sua vulnerabilidade, no contexto das políticas públicas;

XIII – defender interesses coletivos de cidadãos, quando tal consistir em prestação de políticas públicas, de forma apartada ou em colaboração com a Defensoria Pública, e, ainda, ajuizar ações civis públicas e de improbidade, de forma apartada ou em colaboração com o Ministério Público;

XIV – acompanhar e conduzir processos administrativos disciplinares e de auditoria;

XV – zelar pelo ajuizamento das ações de ressarcimento;

XVI – elaborar atos legislativos e emitir pareceres acerca de sua constitucionalidade, legalidade e conveniência, no caso da Advocacia Legislativa;

XVII – proceder às negociações para pronto pagamento a particulares, nos termos deste Código;

XVIII – preservar a aplicação do princípio da publicidade de conteúdos verdadeiros de interesse público, inclusive mediante processos coletivos ou mediante proteção jurídico-processual de indivíduos específicos.

Art. 1015. Ao advogado público são garantidos os seguintes direitos:

I – autonomia técnica;

II – não prisão nem responsabilização pelo descumprimento de determinação judicial no exercício de suas funções;

III – regime disciplinar estabelecido e aplicado por legislação do ente federativo ou do órgão de Advocacia Pública;

IV – liberdade de expressão para se expressar sobre a conveniência, constitucionalidade e legalidade de qualquer ato normativo, em qualquer contexto e sob qualquer forma, assim como fruição da mesma liberdade para comentar qualquer demanda concreta, salvo com relação a comentários de conteúdo jornalístico ou em redes sociais naqueles processos em que estiver envolvida a Administração Pública a qual for vinculado o advogado público, na forma de legislação autônoma.

Parágrafo único. No caso de demandas concretas e estratégias processuais do ente federativo do qual o Advogado Público faça parte, mantêm-se a liberdade de expressão interna e a crítica acadêmica, em foros, encontros e publicações físicas ou digitais.

Art. 1016. Somente mediante comprovação de dolo específico é possível a responsabilização de advogado público nas instâncias sancionatória e controladora pela celebração de acordo conciliatório, incluindo acordos de integridade e pela emissão de parecer obrigatório ou facultativo.

Art. 1017. Os órgãos da Advocacia Pública emitirão súmulas, pareceres e orientações para os advogados públicos, inclusive estabelecendo hipóteses de dispensa de defesa e de recurso, ou de priorização de conciliação.

Art. 1018. A lei pode prever que parecer do chefe da Advocacia Pública, ou outro advogado indicado por regulamento, vincule a Administração Pública, e será regido pelas seguintes disposições:

I – abordará questões de uniformização de entendimento da legalidade, mesmo que não exista controvérsia judicial;

II – refletirá posição consolidada da jurisprudência;

III – poderá ser adotado ainda que não exista posição consolidada da jurisprudência, em situações em que análise de risco indique ser provável determinado desfecho;

IV – poderá ser adotado para solução provisória que reflita jurisprudência de tribunais inferiores, mesmo que exista chance de modificação em instância superior, diante de considerações de praticidade e custo.

Art. 1019. O advogado público poderá deixar de recorrer quando as questões de fato forem desfavoráveis, independente de autorização ou orientação de superior hierárquico.

Art. 1020. Salvo legislação autônoma expressa diversa, qualquer advogado público pode conciliar em qualquer matéria e sobre qualquer valor, sem necessidade de homologação por superior.

Art. 1021. Os advogados públicos podem advogar para órgãos públicos diversos, com interesses convergentes ou divergentes, devendo o superior hierárquico designar advogados, grupos de advogados ou equipes, visando a evitar o conflito de interesses ou de lógica processual.

Art. 1022. Considera-se elaborado por advogado público o documento produzido e juntado de forma automatizada, desde que produzido em contexto de sistema administrado pela Advocacia Pública.

Art. 1023. Equipes de advogados públicos participarão dos treinamentos de agentes de inteligência artificial.

Art. 1024. Será responsabilizado civilmente e disciplinarmente o advogado que tiver poder de decisão e atuar de forma omissiva no ajuizamento de ações de improbidade, regressivas civis e cobrança de multas aplicadas pelos Tribunais de Contas.

Art. 1025. Os órgãos de Advocacia Pública dos diferentes entes federativos articular-se-ão em ações interinstitucionais para:

I – harmonização de interpretações e entendimentos sobre a lei;

II – estabelecimento e compartilhamento de estratégias processuais;

III – formação de banco de minutas para processos competitivos, ato e acordos administrativos e defesas processuais;

IV – criação de cursos de formação ou atualização conjuntos;

V – conciliação de conflitos entre entes federativos;

VI – compartilhamento de soluções de processo digital e inteligência artificial.

Parágrafo único. As minutas ficarão hospedadas em plataforma de governo digital federal, visando à facilitação de acesso.

Art. 1026. A Advocacia Pública adotará, entre outras estratégias:

I – técnicas de mitigação de danos;

II – advocacia e gerenciamento de massa;

III – adoção de protocolos e roteiros em caso de litigância de especial interesse;

IV – litigância estratégica, com monitoramento e seleção de casos relevantes, de elevado valor ou que mereçam maior atenção.

Art. 1027. A participação em projetos especiais, mutirões ou plantões pode gerar compensação com repouso.

Art. 1028. Poderá existir concurso unificado para a Advocacia estadual ou municipal, por meio de convênio com a União.

Art. 1029. É permitido o uso de parceria público-privada na modalidade administrativa para serviços conjuntos de apoio logístico e instrumental, de copa, vigilância e limpeza, assim como manutenção de sistemas informáticos e infraestrutura para a Advocacia Pública.

Art. 1030. A Advocacia Pública defenderá agentes públicos quando os atos tenham sido praticados dentro das atribuições institucionais e nos limites da legalidade, havendo solicitação do interessado e mesmo após o encerramento de suas funções.

Parágrafo único. Em caso de conflito de interesses com entidade pública, mesmo assim a Advocacia Pública atuará, com ação de procuradores ou equipes distintas para a lide.

Capítulo V – Da Execução Administrativa

Art. 1031. O título executivo administrativo será constituído na forma de lei ou regulamento específico, mediante contraditório prévio ou diferido, a depender da situação, e será executado administrativamente mediante os seguintes instrumentos, entre outros, a serem escolhidos na forma da lei ou de legislação autônoma, após regular notificação, que poderá se dar mediante plataforma digital:

I – protesto extrajudicial;

II – desconto direto em conta, para os destinatários das políticas públicas que tenham escolhido tal forma de pagamento de maneira expressa em plataforma de governo digital;

III – encontro de contas entre restituição de tributos ou créditos tributários e créditos da Administração constituídos com defesa prévia, com concordância do devedor;

IV – inscrição em cadastros governamentais de inadimplentes, ou comunicação aos cadastros gerais de inadimplentes;

V – execução administrativa de dívida de pequeno valor.

Parágrafo único. As instruções de pagamento deverão ser geradas em plataforma de governo digital e compreenderão as tecnologias de pagamento usualmente utilizadas pela população, podendo ser oferecida mais de uma forma de pagamento.

Art. 1032. A lei ou regulamento poderá prever que a oportunidade de defesa dar-se-á após a constituição do título e o início da sua execução.

Art. 1033. Poderá ser dado imediato uso público ao bem apreendido cautelarmente de pessoa a qual pende obrigação perante o poder público constante de título administrativo, desde que provenientes da mesma causa.

Art. 1034. A Execução Administrativa extrajudicial de dívida de pequeno valor terá seu procedimento fixado em lei específica e regulamento do ente público, podendo se valer dos seguintes instrumentos para a efetivação do crédito, entre outros:

I – protesto extrajudicial;

II – bloqueio de bens, consistindo em utilização de sistema para bloqueio de valores bancários ou assemelhados;

III – retenção de bens apreendidos, com adjudicação ao poder público, leilão ou hasta pública, à discricionariedade do administrador local;

IV – adjudicação de bem imóvel.

Art. 1035. Mediante convênio, os entes federativos poderão utilizar os sistemas de execução de outros entes federados, com ou sem remuneração.

Art. 1036. Na órbita da União e sua Administração Indireta, considera-se dívida de pequeno valor aquela com valor inferior a sessenta salários-mínimos, e, no âmbito dos Estados, Municípios e Distrito Federal e suas respectivas Administrações Indiretas, quarenta salários-mínimos, os quais poderão estabelecer valores diversos, mas nunca maiores que sessenta salários-mínimos.

Parágrafo único. Poder-se-ão valer da execução administrativa as pessoas jurídicas de Direito Público, as empresas estatais sancionadoras e a Ordem dos Advogados do Brasil.

Art. 1037. O título executivo administrativo possui força de título executivo extrajudicial.

Parágrafo único. A execução de título executivo administrativo perante o Poder Judiciário seguirá o disposto em legislação especial.

Capítulo VI – Da Responsabilidade Civil

Art. 1038. Os entes da Administração Pública responderão de forma objetiva pelos danos que causarem ilicitamente.

Parágrafo único. Quem quer que entregue prestações de políticas públicas, inclusive privados, sofrerá incidência do regime de responsabilidade civil objetiva.

Art. 1039. A caracterização da responsabilidade civil objetiva depende:

I – da existência de ação ou omissão ilícita da Administração Pública;

II – de nexo de causalidade;

II – de dano patrimonial ou extrapatrimonial relevante.

§1º Considera-se ação ilícita aquela decisão da Administração Pública que atinja dever jurídico estabelecido em lei, regulamento, legislação autônoma, princípio de Direito Administrativo ou que seja inerente ao serviço administrativo.

§2º Considera-se omissão ilícita a falta de decisão que atinja dever jurídico estabelecido em lei, regulamento, legislação autônoma, princípio de Direito Administrativo ou seja inerente ao serviço administrativo, caracterizando-se a omissão pela falta de providência objetivamente mensurável em termos de tempo e processos, conforme padrões excelentes de conduta.

§3º Não existirá nexo de causalidade em casos de fortuito exclusivamente externo, força maior e culpa exclusiva da vítima.

§4º A omissão do dever de fiscalizar não gerará indenização pelo dano causado por terceiros, salvo nos casos que envolvam perigo ligado a substâncias químicas, corrosivas ou explosivas, dependendo da responsabilização de notificação da Administração Pública em qualquer meio, ou relacionado à entrada de pessoas em prédio público ou estabelecimentos coletivos, assim como nos demais casos de culpa *in vigilando*.

§5º A intenção do agente público é irrelevante para a configuração da responsabilidade, mas pode ser utilizada para fins de prova e quantificação da gravidade da conduta e eventual valor da indenização.

Art. 1040. Em casos excepcionais, pela gravidade em que atingido bem jurídico relevante, no qual há perda total de sua utilidade econômica ou social, será responsabilizada a Administração Pública por ato lícito.

Art. 1041. A indenização compreenderá danos patrimoniais e extrapatrimoniais, neste incluídos os relacionados à imagem, aos relacionamentos e ao sofrimento psíquico e físico passados, aplicando-se a legislação civil a este regime.

Parágrafo único. Os parentes de primeiro grau, por afinidade ou consanguinidade, poderão pleitear danos extrapatrimoniais, assim como cônjuge ou companheiro, excluídos os demais, salvo se existente relação de excepcional proximidade.

Art. 1042. Considerações acerca da situação econômica ou profissional da vítima ou seus parentes não poderão ultrapassar o montante de dez por cento do valor da indenização, que será fixada, preferencialmente, de forma objetiva e uniformizada, com utilização de critérios médios de quantificação.

Art. 1043. Admitem-se processos coletivos de responsabilização, nos termos das leis especiais, constituindo direitos individuais homogêneos.

Parágrafo único. Caso o processo verse simultaneamente sobre direitos difusos ou coletivos, e individuais homogêneos, o juízo separará os valores destinados a fundo de direitos coletivos e difusos e aqueles direcionados às vítimas, inclusive distribuindo de forma equânime os valores durante a execução, com preferência, em caso de insolvência, às vítimas.

Art. 1044. Em qualquer caso deste Código, a responsabilização poderá resolver-se extrajudicialmente, mediante iniciativa da parte ou do próprio ente público, ou mediante conciliação administrativa.

Parágrafo único. Salvo dolo, o administrador ou advogado público, fundamentadamente e para fins de resolução extrajudicial, não poderá ser responsabilizado administrativa ou civilmente pela admissão de responsabilidade por parte da Administração.

Art. 1045. O direito de regresso dar-se-á mediante as seguintes formas processuais:

I – acordo extrajudicial entre agente responsável ou entidade culpada e a Administração Pública, podendo, inclusive, o montante ser pago de forma parcelada e com desconto em folha ou nas prestações que eventualmente a Administração dever à entidade privada;

II – ajuizamento de incidente de regresso nos mesmos autos do processo judicial do qual resultou condenação da Administração Pública;

III – ajuizamento de ação de regresso em autos apartados.

Art. 1046. Uma vez conhecido o mérito do incidente de regresso, a execução poderá se dar:

I – mediante formação de título executivo pela Administração Pública, com possibilidade de pagamento voluntário, parcelado, de protesto extrajudicial ou desconto em folha;

II – com o uso dos instrumentos ordinários de execução judicial.

Art. 1047. Considera-se constituído o direito a regresso mesmo que o juízo de conhecimento do processo originário não se manifeste expressamente, desde que, na fundamentação da decisão judicial, indique a culpa ou dolo do agente.

Art. 1048. A Administração Pública está obrigada a agir regressivamente sob quaisquer formas deste Código, responsabilizando-se pessoalmente o administrador de bens ou pessoal, inclusive militares, ou órgão de assessoria jurídica da Administração Pública caso não seja ajuizada ação ou incidente ou entabulado acordo no prazo de até dois anos após a condenação.

§1º A vítima poderá intervir como assistente na ação de regresso.

§2º Qualquer cidadão poderá denunciar aos órgãos de controle interno ou externo a demora maior do que seis meses para a tomada de providências em relação ao direito de regresso.

Art. 1049. Caberá também ação de regresso:

I – em face de privados que, por qualquer causa ilícita, tenham gerado obrigação à Administração Pública, seja de indenizar, seja de entregar benefício de qualquer espécie;

II – à empresa parceira ou prestadora de serviços à Administração Pública que gerar dano à particular ou à coletividade, a qual a Administração Pública tenha sido responsabilizada ou tenha assumido obrigação de ressarcir.

Art. 1050. Mediante lei ou ato administrativo, a Administração Pública poderá assumir, fora do regime de responsabilidade civil, os custos de evento danoso de especial magnitude.

Art. 1051. O desfecho do processo de responsabilidade civil não gera repercussão em processos disciplinares e criminais e vice-versa.

Art. 1052. O disposto neste Código não exclui regime de responsabilidade integral presente na Constituição ou em lei especial.

Art. 1053. As empresas estatais exploradoras de atividade econômica são regidas, em seu regime de responsabilidade civil, pelas normas civis, empresariais, consumeristas e econômicas.

Art. 1054. O regime de responsabilidade civil da Administração Pública não excluirá o regime de responsabilidade de defesa do consumidor, no caso de serviços públicos, econômicos ou sociais.

Art. 1055. A Administração Pública responderá ordinariamente por danos gerados pela utilização de inteligência artificial, não cabendo responsabilização, contudo, caso seja comprovado que a Administração Pública não utilizou o serviço ou colocou-o sob funcionamento.

Capítulo VII – Da Conciliação e Mediação Administrativa

Art. 1056. Poderão existir portas de conciliação e mediação dentro das entidades públicas, órgãos, unidades ou perante a Advocacia Pública da Administração Pública, consistentes na forma de câmaras de conciliação ou outras formas, conforme definido em lei, regulamento ou legislação autônoma, podendo conciliar sobre:

I – conflitos entre entidades, órgãos e unidades da Administração Pública de um mesmo ente federativo ou entes diversos;

II – controvérsias entre particular e Administração Pública, inclusive as controvérsias coletivas relacionadas a prestações de políticas públicas;

III – revisão, repactuação e reajustes contratuais;

IV – termos de ajustamento de conduta e assemelhados;

V – execução de créditos administrativa ou judicialmente fixados;
VI – medidas disciplinares contra agentes ou empresas.

§1º Em caso de demandas envolvendo órgãos, unidades ou entidades públicas a conciliação poderá ser etapa obrigatória e, ainda, nos termos de regulamento, única.

§2º As câmaras de conciliação poderão ser setorizadas por matéria ou pessoa interessada, ou órgão conciliador ou mediador.

§3º Poderá existir multiplicidade de portas de conciliação sobre o mesmo objeto.

§4º As câmaras de conciliação poderão conceder prazos e formas para pagamento de obrigação, nos termos de legislação autônoma.

§5º Em caso de matéria de alta relevância, o representante parcial da Administração Pública poderá consistir em equipe multidisciplinar.

§6º Em controvérsias relacionadas a prestações de políticas tomadas em sua dimensão coletiva, poderá participar da conciliação mais de uma entidade representativa da sociedade civil, levada em conta sua representatividade, relevância e consolidação, conforme decisão administrativa de admissão ao procedimento.

Art. 1057. Poderá existir transação por adesão em matéria uniforme, mediante parecer de dirigente geral, regional ou setorial da Advocacia Pública do ente federativo, a ser perfectibilizada de forma virtual em plataforma de governo, ou em unidade presencial local.

Parágrafo único. Para a perfectibilização da transação, poderá a Administração Pública exigir prova, se não a possuir, e que será avaliada, e terá por consequência a renúncia de demais ações sobre o mesmo objeto.

Art. 1058. O termo de conciliação constituirá título executivo administrativo.

Art. 1059. A instauração de procedimento de conciliação, mediante seu juízo inicial, suspende a prescrição para todos os efeitos, até a decisão final, inclusive quando concluído o insucesso da conciliação.

Art. 1060. Mediante convênio, poderão entidades federativas usarem de sistemas de conciliação de outras entidades, inclusive seu pessoal, podendo existir cobrança de preço pelo uso de tal serviço, que não precisa corresponder ao seu custo.

Art. 1061. Admitir-se-á mediação entre Administração Pública e particulares em processos judiciais e administrativos.

Parágrafo único. No caso de mediação entre Administração Pública e particular em processo administrativo, será mediador particular ou autoridade de órgão ou entidade diferente daquela participante da relação processual, inclusive podendo ser de outra unidade federativa.

Art. 1062. A propositura de ação com sujeito ativo e passivo da Administração Pública Direta com outro ente da Administração Indireta, ou entre entes da Administração Indireta de Direito Público, depende da anuência do chefe regional ou setorial da Advocacia Pública do ente federativo.

Parágrafo único. Essa disposição não se aplica à ação que tenha por objeto prerrogativas de autonomia de órgãos independentes.

Art. 1063. Em caso de interesses particulares divergentes cuja resolução cabe à Administração Pública, poderá a Administração ser a mediadora da questão, sendo o resultado da mediação constante de ato entre as partes ou mesmo conteúdo de ato administrativo de órgão público.

Art. 1064. O disposto neste Código não exclui disposição de lei especial presente em lei ou regulamento.

Capítulo VIII – Do Controle Judicial do Ato e do Processo Administrativo

Art. 1065. Compete ao Poder Judiciário a tutela da legalidade em geral dos atos e processos administrativos, velando pela aplicação da legalidade em seu sentido mais amplo, abrangendo os princípios de Direito Administrativo, sua normatização primária, seus regulamentos, sua legislação autônoma e demais normas técnicas.

Art. 1066. Em atos e processos administrativos de outorga de direitos, caso os requisitos de fruição de direitos estejam satisfeitos, poderá o Poder Judiciário efetivá-los diretamente.

§1º O interessado deverá comprovar ter feito prévio requerimento administrativo de outorga de direitos para a comprovação de interesse processual, sem o qual a inicial será liminarmente indeferida.

§2º Considera-se constituído o interesse processual em caso de silêncio da Administração Pública superior ao prazo regulamentar ou em legislação autônoma, ou em casos em que a pretensão é negada por conta de legislação administrativa.

§3º Bastará a decisão judicial para a constituição do direito, ao qual a Administração Pública dará eficácia mediante parecer de força executória.

Art. 1067. Os processos relacionados a atos administrativos licenciadores podem ser anulados pelo particular a quem os aproveita, em caso de inobservância de competência, forma e finalidades estabelecidas em lei ou regulamento, cabendo ao Poder Judiciário obrigar a Administração a tomar nova decisão.

Art. 1068. Em casos de processos licenciadores simples, mediante apresentação de documentos, ou mediante testes de habilitação, poderá o Poder Judiciário conceder a licença, mediante comprovação judicial do preenchimento dos requisitos.

Parágrafo único. A decisão judicial vale como instrumento da licença, devendo, contudo, a Administração Pública ser compelida a entregar o devido documento.

Art. 1069. Mediante comprovação dos requisitos, o Poder Judiciário poderá suprir o consentimento de polícia ou, ainda, conceder diretamente certificações ou licenças.

Art. 1070. Em casos de autorizações vinculadas, poderá o Poder Judiciário conceder a autorização, diante de comprovação dos requisitos, bastando a decisão judicial como a referida autorização, podendo, contudo, a Administração Pública ser compelida a entregar o devido documento.

Art. 1071. Qualquer cidadão ou entidade da sociedade civil poderá pleitear a anulação de autorizações ou licenças ilicitamente concedidas.

Art. 1072. O ato administrativo sancionador poderá ser anulado pelo Poder Judiciário, caso não seja observada a competência, a forma, a finalidade, a motivação e o objeto estabelecidos em lei ou regulamento.

Art. 1073. Será possível processo coletivo em sede de poder de polícia, seja para o controle de sua eventual insuficiência, seja por seu excesso.

Parágrafo único. No caso de processo coletivo, a eventual execução passará pela forma dialogada e consensuada entre Administração Pública, órgão controlador e cidadãos.

Art. 1074. O Poder Judiciário poderá fazer o controle dos processos ordinatórios da Administração Pública, velando pela menor intervenção possível e pela aplicação da nulidade somente nas situações de real prejuízo à moralidade administrativa, à impessoalidade, à eficiência e aos objetivos das políticas públicas.

Art. 1075. O Poder Judiciário poderá fazer o exame de legalidade dos editais e das etapas de processo competitivo, assim como da observância de seus procedimentos legalmente estabelecidos, sendo medida excepcional a interrupção de concurso público, procedimento licitatório ou contrato administrativo em andamento.

§1º A interrupção é justificada, entre outros, caso atingida a moralidade administrativa ou gerado prejuízo relevante para a Administração.

§2º O Poder Judiciário adotará medidas alternativas à interrupção de processo competitivo ou contrato administrativo, inclusive com a instalação de juízo conciliatório.

§3º Cabe suspensão da decisão ao órgão jurisdicional acima ao que determinou a interrupção do processo competitivo.

Art. 1076. O Poder Judiciário poderá decidir sobre reajuste, repactuação e revisão dos contratos administrativos somente após a tentativa de tratamento direto entre as partes ou silêncio administrativo.

Art. 1077. Em caso de concursos públicos, principalmente os unificados, o Judiciário compartimentalizará as eventuais nulidades e dificuldades encontradas, de modo a permitir a continuidade do concurso e as nomeações.

Art. 1078. Em caso de nomeação administrativa hígida de candidato em concurso público e posterior nomeação judicial de outro candidato, considera-se provisoriamente criado o cargo ou emprego público para ser lotado, sendo posteriormente regularizada a situação via lei ou vacância de cargo ou emprego.

Art. 1079. O Poder Judiciário está obrigado a cumprir os regulamentos, legislação autônoma da Administração Pública e normas técnicas, salvo inconstitucionalidade da norma, ou no caso de inexistência de delegação legislativa, ou incompatibilidade entre regulamento e lei ou normas internas de diferentes hierarquias.

Art. 1080. Caso seja declarado nulo o ato ou o contrato administrativo, a decisão judicial determinará expressamente o alcance espacial, conteudístico, pessoal e temporal das nulidades, com decisão conclusiva sobre a retroação da cadeia de atos administrativos invalidados.

Art. 1081. Em qualquer caso de julgamento, farão parte da motivação da decisão judicial apreciação das formas reais de gestão pública no Brasil, assim como eventuais circunstâncias especiais políticas, sociais e econômicas que envolveram a edição do ato em específico, assim como, finalmente, as dificuldades de conhecimento e interpretação da legislação, principalmente em situações de interpretação não consolidada da lei ou insuficiente funcionamento de assessoria jurídica.

Art. 1082. Caso o Poder Judiciário nulifique contrato ou regra geral regulamentar ou autônoma, farão parte da decisão regras de transição, visando a manter a continuidade das políticas públicas até a normalização da situação.

Art. 1083. Caso a nulidade de ato, contrato ou processo gere prejuízo indenizável ao particular, nos termos deste Código, o que será excepcional, o mesmo processo poderá servir para a liquidação do prejuízo.

Art. 1084. O Poder Judiciário intervirá na menor medida possível:

I – no conteúdo dos regulamentos, salvo ilegalidade em sentido amplo;

II – no conteúdo da legislação autônoma, salvo ilegalidade em sentido amplo;

III – no conteúdo das normas regulatórias, salvo ilegalidade em sentido amplo;

IV – na organização interna dos órgãos públicos, como suas unidades, setores, departamentos e equipes;

V – na distribuição interna de tarefas, processos, delegação e avocação;

VI – na gestão ordinária de pessoal, salvo atos vinculados;

VII – na natureza e quantitativo das contrapartidas em processos licenciadoras, salvo evidente desproporção desfavorável ao interesse público;

VIII – na escolha de agentes políticos e ocupantes de cargo em comissão, salvo familismo ou desvio de finalidade;

IX – no estudo de políticas públicas, de impacto regulatório ou de poder de polícia, salvo contrariedade a evidência científica e podendo o Poder Judiciário obrigar a sua formulação, caso não sejam elaborados no prazo normativo;

X – na oportunidade de nomeação de concursados, salvo hipóteses de preterição ou não nomeação dentro das vagas oferecidas, nestas últimas situações incluindo cadastro de reserva;

XI – na contratação de temporários, salvo seu enquadramento nas hipóteses da legislação;

XII – no cronograma dos projetos e compras públicas, salvo para viabilizar implementação de políticas públicas;

XIII – na formulação dos planos e projetos das políticas, podendo o Poder Judiciário obrigar a que sejam elaborados, caso não sejam formulados no prazo previsto em norma autônoma da Administração;

XIV – na escolha dos instrumentos administrativos para a realização dos objetivos das políticas públicas, assim como seu modo e lugar de execução, salvo inconstitucionalidade;

XV – no perfil dos programas das políticas públicas;

XVI – no conteúdo dos projetos de políticas públicas;

XVII – nos objetivos e metas das políticas públicas, salvo sua conformidade à Constituição e aos direitos fundamentais, admitindo-se a multiplicidade de suas formas de realização;

XVIII – na escolha entre execução de prestações das políticas via Administração Direta, Indireta, concessão, permissão ou fomento;

XIX – na definição de qualidade e contornos das prestações das políticas públicas;

XX – no perfil de obra ou construção pública, incluindo a respectiva desapropriação, salvo contrariedade à evidência científica;

XXI – na qualidade de bem histórico, turístico ou paisagístico, ou de relevância social atribuído pela Administração, podendo o Poder Judiciário determinar atuação da Administração Pública, em caso de omissão;

XXII – na classificação das atividades em baixo, médio e alto risco, salvo prejuízo para o interesse público;

XXIII – na relação de serviços de conveniência ou econômicos oferecidos pela Administração à população.

Parágrafo único. O Judiciário sempre poderá decidir acerca dos aspectos externos do ato, assim como eventuais desvios de finalidade.

Art. 1085. O Poder Judiciário, ao julgar causas que envolvam Tribunais de Contas, seguirá os seguintes parâmetros:

I – quando julgar auditorias e processos individuais, observará a deferência institucional ao conhecimento técnico do Tribunal;

II – ao identificar questão de relevância, com possibilidade de multiplicação de processos, instalará comissão de trabalho e conciliação, visando à composição de solução consensuada para a questão;

II – quando julgar atos normativos do Tribunal, estabelecerá regime de transição, caso nulifique algum ato.

Art. 1086. Mediante termo de cooperação administrativo, o Poder Judiciário poderá integrar sistemas com unidades e entidades do Poder Executivo para fins de comandar diretamente a outorga de direitos e a concessão de licenças e autorizações.

Capítulo IX – Do Controle Judicial das Políticas Públicas

Art. 1087. Considera-se controle judicial das políticas públicas aquela decisão judicial que, por razões de constitucionalidade, legalidade, parâmetros consagrados de Administração ou vinculação às evidências, incide sobre a formulação e a implementação de políticas públicas, observando-se a excepcionalidade na intervenção, e poderá recair sobre os seguintes aspectos da política pública:

I – conformação dos objetivos das políticas públicas à Constituição e aos direitos fundamentais;

II – insuficiência ou ausência dos órgãos responsáveis;

III – insuficiência ou ausência de estrutura física, digital e pessoal;

IV – legalidade das formas de parceria ou delegação;

V – proporcionalidade de recursos orçamentários alocados;

VI – insuficiência ou ausência de programas e instrumentos;

VII – inobservância das normas de planejamento;

VIII – insuficiência ou ausência das prestações de políticas públicas, em seu aspecto de satisfação coletiva das demandas públicas.

§1º O controle pode se dar em ações coletivas e de controle de constitucionalidade, recaindo sobre atos normativos, regulamentares ou individuais.

§2º Não se considera controle judicial de políticas públicas o deferimento de pedido para cumprimento individual de prestação de política pública a que o poder público está obrigado por lei, regulamento, legislação autônoma ou inerência do serviço, ou a mera correção de irregularidade nos atos e processos na aplicação dos instrumentos da política pública.

Art. 1088. São postulados de interpretação da legislação e aplicação do controle judicial das políticas públicas:

I – primazia da efetivação dos direitos humanos e fundamentais;

II – deferência institucional à especialização e técnica ao órgão executivo responsável pelas políticas públicas;

III – respeito à diretriz da formulação e implementação das políticas públicas baseada em evidência científica;

IV – consideração à participação cidadã nas etapas de formulação e implementação;

V – impacto orçamentário na política pública como um todo, sendo tal critério uma orientação seja para a decisão de conhecimento, seja para as decisões na execução;

VI – contexto histórico, social, econômico e administrativo da Administração no momento da formulação e implementação do programa ou política pública controlada;

VII – considerações sobre o efeito cumulativo de reiteradas decisões coletivas e individuais sobre a estrutura legal e orçamentária das políticas públicas;

VIII – excepcionalidade da intervenção.

Art. 1089. A decisão judicial que julgar procedente o pedido concederá prazo razoável para a implementação da decisão, levando-se em conta a média dos prazos de realização dos processos administrativos a que demandarem a implementação da decisão.

Parágrafo único. Mediante alegações fundamentadas e circunstanciadas, ou diante de sabida insuficiência de estrutura administrativa, a Administração Pública terá direito à prorrogação de prazo.

Art. 1090. Em demandas de natureza complexa, será adotado, com preferência, mas sem exclusividade, o modelo de audiências públicas e conciliação para o cumprimento da execução.

Parágrafo único. As plataformas de acesso à informação dos tribunais darão destaque ao cumprimento das decisões sobre políticas públicas.

Art. 1091. Em demandas de natureza complexa e grande repercussão social ou diante da importância da matéria, o Tribunal no qual correr a execução poderá adotar mecanismos de decisão estruturante.

Art. 1092. A opção pela decisão estruturante poderá ser anunciada, em cláusula geral, na resolução do processo do conhecimento, ou ter já seu modo de funcionamento básico delimitado na mesma decisão, podendo ser seu modelo objeto de embargos de declaração.

Parágrafo único. Resolução de tribunal poderá criar procedimento uniforme e básico de execução de decisão estruturante.

Art. 1093. No início da fase executória de decisão estruturante, será proferida decisão interlocutória saneando a execução e estabelecendo roteiro, que não será fixo, de providências, podendo adotar, entre outras:

I – reuniões entre autoridades e com jurisdicionados;

II – conciliações e audiências, com abertura para a manifestação de terceiros;

III – estabelecimento de planos e projetos, inclusive de atos normativos;

IV – envio e aprovação de relatórios;

V – determinação de suspensão de processos judiciais que versem sobre idêntica ou semelhante matéria.

Art. 1094. A Administração Pública realizará reuniões periódicas com o Poder Judiciário, incluindo o Conselho Nacional de Justiça, para a gestão de conflitos que envolvam a judicialização de políticas públicas, visando a prevenir a sua existência, maximizar a eficácia das decisões judiciais e diminuir o seu impacto negativo, incluindo decisões que deferem benefícios de forma individual que impactem o orçamento de forma cumulativa.

Art. 1095. A contrariedade à diretriz científica amplamente aceita pode levar à necessidade de remodelação de programas de políticas públicas, mediante decisão judicial excepcional, que estabelecerá regime de transição.

Art. 1096. A ação específica de políticas públicas que atingir frontalmente evidência científica poderá ser nulificada pelo Poder Judiciário.

Parágrafo único. Caberá suspensão de decisão judicial, por tribunal superior, de decisão que obrigue a Administração a tomar decisões contrárias às diretrizes científicas amplamente aceitas.

Art. 1097. O Poder Judiciário dará deferência ao planejamento realizado no Poder Legislativo e Executivo, o que não olvidará, contudo, que questões relacionadas à adesão aos valores constitucionais, ou às evidências científicas, possam ser invocadas em eventual processo de controle.

Parágrafo único. O Poder Judiciário evitará, se possível, a concessão de liminares durante o processo de planejamento de políticas públicas, preferindo-se, sempre, a via consensual, da qual participarão todos os poderes e órgãos.

Art. 1098. O órgão judicial imediatamente acima do órgão decisor poderá assumir as tratativas de solução consensual para os problemas.

Art. 1099. A Administração Pública contará com a possibilidade de suspensão da segurança nos processos de intervenção judicial nas políticas públicas.

Art. 1100. O Poder Judiciário atuará, nos limites da deferência política e administrativa, com consensualidade e razoabilidade, para que as políticas públicas tenham as condições de implementação necessárias ao seu funcionamento.

Art. 1101. O Poder Judiciário realizará esforços cooperativos em matéria de planejamento e gestão de conflitos que envolvem a Administração Pública, incluindo, nos cursos de formação e aperfeiçoamento de magistrados, a matéria de políticas públicas, assim como nas correições regularmente realizadas.

Parágrafo único. Os tribunais e o Conselho Nacional de Justiça atuarão no sentido de mitigar, perante os Juízos de primeiro grau, os impactos orçamentários do excesso de decisões que deferem prestação individual que repercutem de forma cumulativa no orçamento.

Esta obra foi composta em fonte Palatino Linotype, corpo 10
e impressa em papel Pólen Bold 70g (miolo) e Supremo 250g (capa)
pela Gráfica Star7.